SCHRIFTEN ZUR GELDTHEORIE UND GELDPOLITIK

Herausgegeben von
Prof. Dr. Hans-Hermann Francke, Freiburg
Prof. Dr. Alois Oberhauser, Freiburg

Band 13

Die Einsatzmöglichkeiten eines floatenden Lombardsatzes

André Tomfort

Centaurus Verlag & Media UG 1995

Die Deutsche Bibliothek – CIP-Einheitsaufnahme

Tomfort, André:
Die Einsatzmöglichkeiten eines floatenden Lombardsatzes /
André Tomfort. – Pfaffenweiler : Centaurus Verl.-Ges., 1995
(Schriften zur Geldtheorie und Geldpolitik ; Bd. 13)
ISBN 978-3-89085-990-3 ISBN 978-3-86226-350-9 (eBook)
DOI 10.1007/978-3-86226-350-9
NE: GT

ISSN 0941-1194

Satz: Vorlage des Autors

Inhaltsverzeichnis

Abbildungsverzeichnis

Begriffe

Liquiditätspolitik:	Unter dem Begriff der Liquiditätspolitik werden alle mengenpolitischen Maßnahmen zusammengefaßt, die auf die Bankenliquidität abzielen.
Marktgebundener Lombardsatz:	Als marktgebundener Lombardsatz wird der an den Tagesgeldzins gekoppelte Lombardsatz bezeichnet

Abkürzungsverzeichnis

A	Ausländische Währung
BBank	Bundesbankgesetz
bzw.	beziehungsweise
c.p.	ceteris paribus: unter sonst gleichen Umständen
DM	Deutsche Mark
ECU	European Currency Unit
EG	Europäische Gemeinschaft
EWS	Europäisches Währungssystem
FAZ	Frankfurter Allgemeine Zeitung
Hrsg.	Herausgeber
LZB	Landeszentralbank
M1	Geldmenge M1: Bargeldumlauf und Sichteinlagen
M3	Geldmenge M3: Bargeldumlauf, Sichteinlagen, Termineinlagen unter 4 Jahren Laufzeit und Spareinlagen mit gesetzlicher Kündigungsfrist
Mio	Millionen
Mrd.	Milliarden
OECD	Organisation for Economic Cooperation und Development
p.a.	per anno
S.	Seite
$	US-Dollar
SFR	Schweizer Franken
Tab.	Tabelle
u.a.	unter anderem
usw.	und so weiter
Vgl.	vergleiche
z.B.	zum Beispiel

DIE EINSATZMÖGLICHKEITEN EINES FLOATENDEN LOMBARDSATZES*

1 PROBLEMSTELLUNG

1.1 Der Hintergrund zur Diskussion über floatende Leitzinsen

In der Bundesrepublik Deutschland trat in den letzten zwanzig Jahren häufiger ein geldpolitisches Phänomen auf, das den Intentionen der Bundesbank zuwiderlief: Die sogenannte "Lombardfalle".[1] [2] In Situationen knapper Liquidität auf dem Geldmarkt stieg der Tagesgeldzins auf die Höhe des Lombardsatzes an, so daß die Kreditinstitute verstärkt begannen, ihren Liquiditätsbedarf über Lombardkredite zu decken. Der Lombardkredit wurde von den Kreditinstituten phasenweise als dauerhafte Refinanzierungsquelle genutzt, und es kam zu unerwünscht hohen Liquiditätszuflüssen in das Geschäftsbankensystem.[3] Die Bundesbank machte daraufhin von der Möglichkeit Gebrauch, einen Sonderlombardsatz zu erheben oder den Lombardkredit ganz auszusetzen. Erratische Zinssteigerungen am Geldmarkt von bis zu 40% waren die Folge, was nicht im Sinne ihrer Zinspolitik sein konnte und zu erheblichen Irritationen auf den Finanzmärkten führte.[4]

Um das Problem der "Lombardfalle" zu beheben, wurde vorgeschlagen, von einer Fixierung des Lombardsatzes durch die Bundesbank abzusehen und ihn stattdessen an einen Geldmarktzins oder an den Pensionssatz für Wert-papierpensionsgeschäfte zu koppeln. Damit sollte eine gleichmäßigere Inanspruchnahme von Lombardkrediten sichergestellt werden.[5]

---

* Mein besonderer Dank gilt Herrn Prof. Dr. Oberhauser für seine kritischen Hinweise und das hohe Maß an Disponibilität, das er mir entgegengebracht hat.

1 Vgl. Der Tagesspiegel vom 7. August 1991, S. 12 und Auszüge aus Presseartikeln der Deutschen Bundesbank„ Nr. 8, vom 4. Februar 1991, S. 1 f

2 Der Begriff der "Lombardfalle" ist vom Autor mit Anführungszeichen versehen worden, da er einen wertenden Charakter inne hat.

3 Vgl. Wirtschaftswoche vom 8 Februar 1991, S. 7 f und Geschäftsbericht der Deutschen Bundesbank, 1990, S.42

4 Vgl. Schaal, 1989, S. 270 und Jaeger, 1983, S. 132 f

5 Vgl. FAZ vom 6 August 1991, S. 18 und Wirtschaftswoche vom 21. Dezember, 1990, S. 6

Im November 1990 kam es schließlich zur Abstimmung über die Einführung eines flexiblen Lombardsatzes, bei der sich der Zentralbankrat der Bundesbank mit nur einer Stimme Mehrheit dagegen aussprach.[6]

Schon in den sechziger und siebziger Jahren tauchte der Vorschlag zur Flexibilisierung der Refinanzierungszinsen im Rahmen der Monetarismusdebatte auf.[7] Der Monetarismus spricht sich für eine verstärkte Regelbindung der Geldpolitik aus und lehnt deshalb eine diskretionäre Zinspolitik der Zentralbank ab.[8] Von ihr werden negative Auswirkungen für die Geldpolitik und die Gesamtwirtschaft befürchtet.[9] Die Kopplung des Lombardsatzes an einen Marktzins würde eine diskretionäre Festsetzung des Lombardsatzes überflüssig machen und daher monetaristischen Vorstellungen entgegenkommen. Außerdem machte es die von den Monetaristen geforderte Hervorhebung des Geldmengenziels als Zwischenziel für die Geldpolitik notwendig, daß das Refinanzierungsvolumen der Kreditinstitute keinen starken und unvorhersehbaren Schwankungen unterliegt. Dies sollte mit einem kontinuierlich über dem Geldmarktzins floatenden Refinanzierungszins erreicht werden[10].

1.2 Ziel und Aufbau der Arbeit

Im Rahmen dieser Dissertation soll untersucht werden, inwieweit sich durch eine Flexibilisierung der Leitzinsen die Geldpolitik effektiver gestalten läßt. Berücksichtigung finden dabei die spezifischen institutionellen und strukturellen Gegebenheiten in der Bundesrepublik Deutschland.

Ausgehend vom geldpolitischen Konzept der Bundesbank (Kapitel 2) und ihrem gegenwärtigen Instrumentarium (Kapitel 3) werden die Schwächen der zur Zeit praktizierten Refinanzierungspolitik analysiert, soweit sie mit diesem Thema in Verbindung stehen (Kapitel 4).
Anschließend wird untersucht, ob sich durch die jeweiligen Ausgestaltungsmöglichkeiten einer Leitzins-Flexibilisierung die aufgezeigten Schwächen beseitigen lassen und welche neuen Probleme auftreten könnten (Kapitel 5).

---

6 Vgl. FAZ vom 2. November 1990, S. 17

7 Vgl. Jones, 1971, S. 23 f

8 Vgl. Müller/Woll, 1972, S. 194 f

9 Vgl. Frieman, 1959, S. 33 f

10 Vgl. Neumann, 1975, S. 995 und Van Hoose, 1978, S. 566 f

Neben der ökonomisch-technischen Seite einer Leitzinsflexibilisierung sollen in Kapitel 6 ihre strategische Dimension im Rahmen monetaristischer Vorstellungen analysiert sowie deren Bedeutung für die geldpolitische Konzeption der Bundesbank beurteilt werden.
Ehe in Kapitel 8 eine Abwägung der Vor- und Nachteile floatender Leitzinsen und ein Reformvorschlag gemacht wird, werden die Erfahrungen jener Länder aufgezeigt, die flexible Leitzinsen eingeführt haben oder hatten (Kapitel 7).

2. DIE GELDPOLITISCHE KONZEPTION DER BUNDESBANK: GELDMENGENZIEL VERSUS GELDPOLITISCHER FLEXIBILITÄT

Um die Bedeutung des bisherigen Refinanzierungsinstrumentariums und damit auch der Leitzinsfixierung für das geldpolitische System der Bundesrepublik besser erfassen zu können, soll an dieser Stelle das strategische Konzept der Bundesbank für ihre Geldpolitik skizziert und eingeordnet werden. Dieses Konzept dient der Bundesbank als Grundlage für die Ausgestaltung der Geldpolitik, wie in Kapitel 3 aufgezeigt wird, und ist damit auch gleichzeitig eine Ursache für die bestehenden Mängel dieses Instrumentariums (Vgl. Kapitel 4). Außerdem ist jeder geldpolitische Reformvorschlag auf seine Übereinstimmung mit diesem Konzept zu prüfen, sofern die Geldpolitik nicht grundlegend umgestaltet werden soll. Dies gilt auch für den Vorschlag, die Leitzinsen zu flexibilisieren.

Die deutsche Bundesbank stellt seit 1974 jährlich ein Geldmengenziel auf, das der Öffentlichkeit vorab für ein Kalenderjahr mitgeteilt wird. Mit dem Geldmengenziel soll der Volkswirtschaft ein monetärer Rahmen vorgegeben werden, der das nominale Ausgabenwachstum der Gesamtwirtschaft absteckt.[11] Die Bundesbank erhofft sich, durch die Bekanntgabe des Geldmengenziels die Erwartungen und Pläne der privaten Haushalte und Unternehmen sowie der staatlichen Institutionen zu stabilisieren.[12] Die Höhe des vorgegebenen Geldmengenwachstums wird derart fixiert, daß eine möglichst inflationsfreie Finanzierung der realwirtschaftlichen Entwicklung erfolgt.[13] Mit dieser Ausrichtung der Geldpolitik soll gemäß § 3 des Bundesbankgesetzes die Kaufkraft des Geldes nach innen und außen gesichert werden.[14]
Dem Geldmengenziel kommt in diesem Zusammenhang die Funktion als quantifiziertes Zwischenziel zu, das für die Entscheidungsträger der Bundesbank eine Leitlinie zur Abstimmung ihrer laufenden geldpolitischen Aktionen darstellt.[15]

Die Bestimmung eines Geldmengenziels innerhalb der Geldpolitik entspricht monetaristischem Gedankengut, wonach auf mittlere Sicht Inflation ohne ein ent-

---

11 Vgl. Deutsche Bundesbank, 1989, S. 97 f

12 Vgl. Schlesinger, 1978, S. 7

13 Als Determinanten des Geldmengenziels finden das Wachstum des Produktionspotentials, ein als unvermeidlich angesehener Preisanstieg und die erwartete Umlaufgeschwindigkeit des Geldes Berücksichtigung. Vgl. Schlesinger, 1988 a, S. 203 und Issing, 1990, S. 255 f

14 Vgl. Issing, 1988, S. 337

15 Vgl. Schlesinger, 1988 b, S. 5 f und Jarchow, 1983, S. 177 f

sprechendes Anwachsen der Geldbestände nicht möglich ist.[16] Deshalb erfordere die Aufgabe der Zentralbank, die Preisstabilität zu wahren, eine Kontrolle des Geldvolumens. Diese Kontrolle soll über die Festlegung eines Geldmengenzieles erfolgen.[17]

Geldmengenziele haben prinzipiell eine Selbstbindung für die Zentralbank zur Folge. Mit dieser Selbstbindung legt sich die Zentralbank hinsichtlich der vorrangigen Verfolgung der Preisstabilität als Ziel der Geldpolitik fest und engt diskretionäre Handlungsspielräume ein.[18] Die Bundesbank hat sich in ihrer praktischen Geldpolitik aber keineswegs ausschließlich von den Geld-mengenzielen leiten und binden lassen. Sie ist bestrebt, flexibel auf konjunkturelle und außenwirtschaftliche Entwicklungen zu reagieren bzw. den Kreditinstituten einen - wenn auch begrenzten - Handlungsspielraum einzuräumen, indem sie eine gewisse Elastizität der Zentralbankgeldversorgung zuläßt.[19]

Die Bundesbank setzt bei der Durchführung ihrer Geldpolitik sowohl auf die Mengen- als auch auf die Zinspolitik. Mit ihrer Hilfe soll das Kreditgeschäft der Kreditinstitute so gesteuert werden, daß das Geldmengenziel eingehalten wird. Um dies zu erreichen, fixiert die Bundesbank auf der Geldmarktebene kurzfristige Operationsziele für die Entwicklung der Bankenliquidität und der Geldmarktsätze, die zu der geplanten Ausweitung der Geldmenge führen sollen.[20] Falls die Bundesbank auf konjunkturelle oder wechselkursbedingte Entwicklungen Einfluß nehmen wollte, war sie bisher bereit, bei ihrer Zins- und Liquiditätspolitik von der durch das Geldmengenziel vorgegebenen Linie abzuweichen. Dieser Handlungsspielraum, den sich die Bundesbank vorbehält, war in erster Linie für die bisherigen Verfehlungen des Geldmengenziels verantwortlich.[21] In diesem Zusammenhang ist u.a. auch die Entscheidung der Bundesbank zugunsten des Geldmengenaggregats M3 als Bezugsgröße für das Geldmengenziel zu sehen, das ihr wegen seiner relativ geringen Zinsreagibilität den größten zinspolitischen Aktionsradius einräumt.[22]

---

16 Vgl. Gebauer, 1987, S. 3

17 Vgl. Friedman, 1968, S. 16 f und Deutsche Bundesbank, 1989, S. 98.

18 Vgl. Duwendag, 1988, S. 24

19 Vgl. Schlesinger, 1978, S.9 und Deutsche Bundesbank, Geschäftsbericht 1987, S. 40 und Dickertmann/Siedenberg, 1984, S. 199 f

20 Vgl. Schlesinger, 1988 b, S. 12

21 Vgl. Duwendag, 1988, S. 24 f und Köhler, 1982, S. 652 f

22 Vgl. Duwendag, 1988, S. 25

Die Elastizität der Zentralbankgeldversorgung ist eine notwendige Voraussetzung zur Durchführung der Zinspolitik. Will die Bundesbank die Zinssätze auf dem von ihr herbeigeführten Niveau stabil halten, so müssen die Kreditinstitute im Falle überraschender Liquiditätsengpässe die Möglichkeit haben, sich ohne Verzögerung Zentralbankgeld zu beschaffen. Diese Möglichkeit wird durch die Struktur des Refinanzierungsinstrumentariums gewährleistet. Den Kreditinstituten wird in gewissem Umfang durch die im allgemeinen nicht kontingentierte Lombardkreditaufnahme, die Rediskontkredite im Rahmen der Rediskontkontingente und der Annahme von Geboten bei Wertpapierpensionsgeschäften eine Eigeninitiative zur Zentralbankgeldschöpfung und -vernichtung eingeräumt.[23]

Versucht man dieses Konzept der Bundesbank strategisch einzuordnen, so läuft es auf eine begrenzt flexible Geldpolitik hinaus. Auf der einen Seite sind diskretionäre Maßnahmen der Liquiditäts- und Zinspolitik in bezug auf kurzfristige Einflüsse sowie eine gewisse Elastizität des Geldangebots vorgesehen, dem aber durch die Verkündung eines jährlichen Geldmengenziels ein enger Rahmen gesetzt wird.

Mit dieser Strategie glaubt die Bundesbank, wenigstens teilweise das monetaristische Postulat einer Verstetigung der Geldpolitik erfüllen zu können.[24]

Die Bedeutung der klassischen Refinanzierungspolitik für das Konzept der Bundesbank läßt sich an zwei Sachverhalten festmachen: Die Rediskont- und Lombardkredite sorgen für eine gewisse Elastizität des Geldangebots, und die Variation von Diskont- und Lombardsatz ist ein wichtiger Bestandteil der Zinspolitik der Bundesbank.

---

23 Siehe dazu den Abschnitt 2, Kapitel 3

24 Vgl. Gebauer, 1987, S. 3 f

3. BEDEUTUNG DER REFINANZIERUNGSPOLITIK FÜR DIE GELDPOLITISCHE STEUERUNG

3.1 Der Geldmarkt als Ansatzpunkt der geldpolitischen Steuerung

Die Grundvoraussetzung für das Erreichen des wichtigsten Ziels der Bundesbank, die Preisniveaustabilität zu wahren, ist in ihrer Fähigkeit zu sehen, die Geldschöpfung zu kontrollieren.[25] Die Geldschöpfung wird im wesentlichen über den Geldmarkt kontrolliert.[26] An ihm setzen die wichtigsten Instrumente der Bundesbankpolitik an, so auch das Refinanzierungsinstrumentarium.[27]

3.1.1 Bedeutung des Interbankenmarktes und des erweiterten Geldmarktes für die geldpolitische Steuerung

Im klassischen Sinne ist der Geldmarkt definiert als Austausch von Zentralbankgeld unter den Geschäftsbanken, entweder auf dem Kreditwege oder durch den An- und Verkauf von Geldmarktpapieren. Diese enge Definition des Geldmarktes wird als Interbankenmarkt bezeichnet.[28]

Die erweiterte Definition des Geldmarktes schließt neben dem Interbankenmarkt auch den Handel von Geldmarktpapieren zwischen der Bundesbank und den Kreditinstituten ein sowie weitere kurzfristige Transaktionen, die die Bundesbank im Rahmen der Feinsteuerung mit den Kreditinstituten durchführt.[29]

Für die Geldpolitik von besonderer Bedeutung ist der erweiterte Geldmarkt. Auf dem erweiterten Geldmarkt kommt es aufgrund der Geldmarktgeschäfte der Kreditinstitute mit der Bundesbank und durch die traditionelle Refinanzierung der Kreditinstitute über die Rediskont- und Lomardkreditaufnahme zu einer Veränderung des Zentralbankgeldbestandes für das Geschäftsbankensystem als Ganzes. Mit Hilfe ihrer vielfältigen Instrumente[30] ist es der Bundesbank auf dem erweiterten Geldmarkt möglich, auf die Liquiditätssituation der Kreditinstitute Einfluß zu nehmen und damit indirekt auch auf die Geldschöpfung.[31]

---

25 Vgl. Deutsche Bundesbank, 1989, S. 13

26 Weitere Märkte, auf denen die Bundesbank im Sinne ihrer Zielvorstellungen intervenieren kann, sind der Kapitalmarkt und zur Beeinflussung der Wechselkurse die Devisenmärkte.

27 Vgl. Geiger, 1989, S. 179

28 Vgl. Gestrich, 1957, S. 59

29 Vgl. Jarchow, 1988, S. 16f und Deutsche Bundesbank 1982, S. 63 f

30 Vgl. Abschnitt 3.2

31 Vgl. Abschnitt 3.3

Auf dem Interbankenmarkt kommt es bei Transaktionen zwischen den Kreditinstituten zu keiner Liquiditätsveränderung im Geschäftsbankensystem. Zwar stellt jede Forderung einer Bank an eine andere Bank eine Liquiditätsreserve dar, der steht aber immer eine gleich hohe Verbindlichkeit einer anderen Bank gegenüber.[32]
Der Einfluß der Bundesbank auf die Zinsbildung am Interbankenmarkt beruht darauf, daß aus Sicht des einzelnen Kreditinstituts die Geldmarktgeschäfte mit der Bundesbank bzw. die Aufnahme oder Rückzahlung von Refinanzierungskrediten eine unmittelbare Alternative zu den Transaktionen auf dem Interbankenmarkt darstellen. Deshalb haben die Bedingungen, zu denen die Bundesbank den Kreditinstituten kurzfristig Zentralbankguthaben oder -anlagemöglichkeiten anbietet, ausschlaggebenden Einfluß auf die Höhe der Zinsen am Interbankenmarkt.[33]
Der Interbankenmarkt läßt sich je nach Fristigkeit der gehandelten Gelder unterteilen in den Tagesgeld-, Monatsgeld- und Dreimonatsgeldmarkt. Hinzu kommen die häufig weniger aktiven Märkte für noch längere Laufzeiten.[34]

3.1.2 Bedeutung der Euro-DM-Märkte als Refinanzierungsquelle

Neben den Geldmärkten in der Bundesrepublik stehen den Kreditinstituten die Euromärkte zur Deckung ihres Liquiditätsbedarfs zur Verfügung. Auf dem Euro-DM-Markt entfällt für die inländischen Banken das Wechselkursrisiko, so daß Einlagen und Kreditgeschäfte auf dem Euro-DM-Markt vollkommene Substitute zu solchen auf den inländischen Geldmärkten darstellen.[35]
Die Zinsbildung auf dem Euro-DM-Markt wird aufgrund der engen Konkurrenzbeziehung zum inländischen Geldmarkt durch die dortigen Zinssätze entscheidend geprägt. Daher ist er für die Kreditinstitute keine Refinanzierungsquelle, mit der sie den Bedingungen an den inländischen Geldmärkten entgehen können.[36]

32 Vgl. Oberhauser, 1972, S. 378 und Hartmann, 1980, S. 112
33 Vgl. Deutsche Bundesbank, 1989, S. 27
34 Vgl. Köhler, 1977, S. 136 f
35 Vgl. Issing, 1986 ,S. 165
36 Vgl. Issing,.1986, S. 167 und Swoboda, 1980, S. 7

3.1.3 Exogene Liquiditäts- und Zinsveränderungen am Geldmarkt

Exogene Liquiditäts- und Zinsveränderungen werden nicht durch geldpolitische Maßnahmen induziert, sondern durch äußere Faktoren und sind daher für die Bundesbank nicht unmittelbar beeinflußbar. Diese Veränderungen können einmal aus der Mindestreservepflicht resultieren, die die Kreditinstitute am Ende eines jeden Monats zu erfüllen haben, und zum zweiten aus den Marktfaktoren. Sie spiegeln sich in entsprechenden Schwankungen des Tagesgeldzinses wider, da der Tagesgeldmarkt für die Kreditinstitute bei kurzfristig unvorhergesehenen Liquiditätsanspannungen die wichtigste Alternative zu den Refinanzierungsquellen der Bundesbank darstellt.[37]

Die übrigen Geldmärkte, wie etwa die Märkte für Monats- oder Dreimonatsgeld, weisen im Gegensatz zu dem Tages
geldmarkt meist einen etwas stetigeren Verlauf auf, da sie von den Kreditinstituten für in der Zukunft erwartete Liquiditätsbedarfe in Anspruch genommen werden.[38] Allerdings wirkt sich ein größerer Anstieg des Tagesgeldzinses auch auf das Niveau der längerfristigen Geldmarktsätze aus, da es für die Kreditinstitute lohnender wird, diese Kredite trotz ihrer längeren Laufzeit auch für kurzfristige Bedarfe zu nutzen. Dies ist häufig zu beobachten, wenn die Kreditinstitute von dem Anstieg des Tagesgeldzinses auf ein längerfristig höheres Zinsniveau an allen Geldmärkten schließen. Sie versuchen, sich die noch relativ günstige Liquidität auf den längerfristigen Geldmärkten für die entsprechende Laufzeit zu sichern.[39] Auf diese Weise verläuft die Zinsentwicklung auf den Geldmärkten in etwa parallel, wobei die kurzfristigen Schwankungen auf dem Tagesgeldmarkt am größten sind.

3.1.3.1 Das System der Mindestreserve als Ursache exogener Veränderungen

Für die Berechnung des Mindestreserve-Solls sind die reservepflichtigen Verbindlichkeiten im Durchschnitt eines Vier-Wochen-Zeitraums maßgeblich, wobei dieser bereits jeweils in der Mitte eines laufenden Monats endet. Folglich verbleiben den Kreditinstituten zwei Wochen bis zum Monatsende, um ihren Reserveanforderungen nachzukommen.[40] Mit dieser Regelung wollte die Bundesbank die Elastizität des Mindestreservesystems für die Kreditinstitute erhöhen.

---

37 Vgl. Deutsche Bundesbank, 1989, S. 27

38 Vgl. Deutsche Bundesbank, 1989, S. 28 f

39 Vgl. hierzu den Abschnitt 5.3 zum Paralleleffekt auf den monetären Märkten

40 Vgl. Jarchow, 1988, S. 88

Im Normalfall tendieren die Kreditinstitute aus Gründen der Vorsicht dazu, in der ersten Monatshälfte mehr Guthaben anzusammeln, als sie benötigen. Trotzdem kommt es vor, daß die Kreditinstitute weniger Guthaben ansammeln, als es eigentlich notwendig wäre. Dies ist häufig dann der Fall, wenn sie in Kürze mit Zinssenkungen rechnen, denn im Anschluß an diese Zinssenkungen hätten die Kreditinstitute den Vorteil, ihren Reservebedarf zu günstigeren Bedingungen erfüllen zu können.
Zu beachten ist weiterhin, daß die Kreditinstitute die Entwicklung auf ihrem Kundensektor nicht genau prognostizieren können. Kommt es zu starken Veränderungen ihrer reservepflichtigen Verbindlichkeiten aufgrund erheblicher Schwankungen im Einlagengeschäft, hat dies einen entsprechenden Einfluß auf das Reserve-Soll, das die Kreditinstitute zum Monatsende zu erfüllen haben.

Am Tagesgeldmarkt werden die individuellen Mindestreservedispositionen der Kreditinstitute reguliert. Falls eine größere Anzahl von Kreditinstituten eine Unterdeckung des Mindestreserve-Solls aufweist, sind gegen Monatsende größere Anspannungen auf dem Tagesgeldmarkt und ein starkes Anziehen des Tagesgeldzinses möglich. In solchen Fällen hat die Bundesbank in der Vergangenheit versucht, größere Zinsausschläge am Geldmarkt durch kurzfristige Ausgleichsoperationen zu verhindern.[41] Andererseits kommt es auch vor, daß die Kreditinstitute zuviel Mittel zur Deckung ihres Reserve-Solls zurückgelegt haben. In diesen Fällen werden sie versuchen, ihre überschüssigen Mittel am Geldmarkt anzulegen, so daß der Tagesgeldzins und auch die übrigen Geldmarktzinsen sinken.

3.1.3.2 Marktfaktoren als Ursache exogener Veränderungen

Unter Marktfaktoren werden all jene Faktoren subsumiert, die Transaktionen zwischen der Zentralbank und den Nicht-Banken auslösen und die von der Zentralbank nicht unmittelbar beeinflußt werden können. Diese Transaktionen verändern die Liquiditätsausstattung der Kreditinstitute. Die wichtigsten Marktfaktoren sind der Bargeldumlauf, die Zahlungsbilanz und die Kassentrans-aktionen der öffentlichen Haushalte.[42]

Der Bargeldumlauf unterliegt im Monatsverlauf recht starken Schwankungen. Diese Schwankungen beruhen auf Veränderungen im Bedarf der Nicht-Banken an Noten und Münzen, wie sie zu bestimmten Zahlungsterminen, (Lohn- und Gehaltszahlungen am Monatsende, monatliche und vierteljährliche Steuerzahlungen, Steuerzahlungen zum Jahresende) Urlaubsterminen, zur Weihnachtszeit oder im Konjunkturverlauf auftreten. Eine Zunahme der Bargeldhaltung äußert sich darin,

---

41 Vgl. Friedmann, 1988, S. 83 f und Deutsche Bundesbank, 1989, S. 64
42 Vgl. Köhler, 1977, S. 87-94

daß die Nicht-Banken Sichteinlagen bei den Kreditinstituten auflösen; es kommt zu einer Abnahme der liquiden Mittel der Kreditinstitute. Entsprechend erhöht umgekehrt ein Rückgang des Bargeldumlaufs die Liquidität im Bankensektor. Soweit diese Schwankungen des Bargeldumlaufs von den Kreditinstituten nicht erwartet werden oder aber erwartete Schwankungen unerwartet hoch oder niedrig ausfallen, wirken sie sich auf die Liquiditätssituation am Tagesgeldmarkt und in dessen Gefolge auch an den längerfristigen Geldmärkten aus.
Halten sich die Liquiditätsbedarfe der Nichtbanken im erwarteten Rahmen, so werden sie von den Kreditinstituten über die Termingeldmärkte refinanziert, wie etwa den Monats- oder Dreimonatsgeldmarkt.[43]

Die Zahlungsbilanz war in den letzten zwanzig Jahren der bedeutendste Marktfaktor und führte häufig zu erheblichen Schwankungen am Geldmarkt bis hin zu Verfehlungen des Geldmengenziels.[44] Zu Anspannungen am Geldmarkt kommt es, wenn die Bundesbank Devisen gegen Zentralbankgeld verkauft. Umgekehrt führen Devisenankäufe zu einer Zunahme der Zentralbankgeldguthaben der Kreditinstitute und damit zu einer Auflockerung des Geldmarktes.

Innerhalb des Europäischen Währungssystems (EWS) ist die Bundesbank verpflichtet, zusammen mit den anderen Zentralbanken der Mitgliedsländer feste Währungsparitäten aufrechtzuerhalten und bei Abweichungen, die über die festgelegten Spannbreiten hinausgehen, auf den Devisenmärkten zu intervenieren.[45] Gegenüber den anderen - nicht im EWS befindlichen - Währungen besteht zwar keine Interventionspflicht für die Bundesbank, dennoch hat sie insbesondere gegenüber dem Dollarkurs häufig interveniert, um die internationalen Finanzmärkte zu stabilisieren, Inflationsgefahren bei DM-Abwertungen abzuwehren und die Wettbewerbsfähigkeit der deutschen Wirtschaft in Fällen starker Dollarabwertungen nicht in Gefahr geraten zu lassen.[46]

Der Marktfaktor "Kassentransaktionen öffentlicher Haushalte" beruhte auf § 17 des Gesetzes über die Deutsche Bundesbank, wonach die öffentlichen Haushalte verpflichtet waren, ihre flüssigen Mittel auf Girokonten der Bundesbank anzulegen. Benötigten die öffentlichen Haushalte ihre Zentralbankeinlagen zur Finanzierung ihrer Ausgaben, so kam es zu einem Zufluß von Zentralbankgeld in das Geschäftsbankensystem. Umgekehrtes galt, wenn die Bankkunden Zahlungen an den

43 Vgl. Jarchow, 1988, S. 39 und Duwendag u.a., 1985, S. 44

44 Vgl. Pohl, 1988, S. 191 f und Abschnitt 5.5

45 Vgl. Institut der deutschen Wirtschaft, 1981, S. 15 f

46 Anzumerken ist, daß die Aufrechterhaltung der Währungsparitäten im EWS und die Dollar-Interventionen der Bundesbank aufgrund der Rolle der D-Mark als internationale Reservewährung in einem gewissen Zusammenhang stehen. Vgl. Abschnitt 5.4.2

Staat leisteten. Seit dem 1. Januar 1994 ist die Einlagepflicht aufgrund der 2. Stufe des Maastrichter Vertrages zur Europäischen Währungsunion abgeschafft worden. Dasselbe gilt für die Gewährung von Zentralbankkrediten an öffentliche Haushalte, wie sie zur Überbrückung kurzfristiger Kassenfehlbeträge erlaubt waren. Sie führten zu einer Zunahme an Zentralbankgeld im Geschäftsbankensystem, wenn diese Kredite verausgabt wurden. Der Kreditplafonds, der den öffentlichen Haushalten von der Bundesbank eingeräumt wurde, belief sich auf 10,65 Mrd. DM.

Von Bedeutung sind daher in diesem Zusammenhang nur noch die Gewinnausschüttungen der Bundesbank an den Bund. Gemäß § 27 Abs. 4 BBankG ist die Bundesbank verpflichtet, ihren Reingewinn nach Abzügen für die Bildung von gesetzlichen und sonstigen Rücklagen sowie für den Kauf von Ausgleichsforderungen an den Bund abzuführen. Dem Bund flossen zwischen 1980 und 1992 mehr als 125 Mrd. DM durch Bundesbankgewinne zu.[47] Verausgabt der Bund diese Gelder nicht gleichmäßig über das Jahr verteilt, so kann es kurzfristig zu beträchtlichen Liquiditätszuflüssen ins Bankensystem kommen.[48]

Fazit: Sofern die Liquiditätsschwankungen im Geschäftsbankensektor, die durch die Marktfaktoren induziert werden, für die Kreditinstitute nicht vorhersehbar sind, greifen sie auf den Tagesgeldmarkt zurück. Daher können am Tagesgeldmarkt und wegen bestehender Interdependenzen auch an den längerfristigen Geldmärkten größere Zinsschwankungen auftreten. Besonders in restriktiven Phasen der Geldpolitik, wenn die Kreditinstitute nur noch über wenig Sekundärliquidität verfügen, führen die liquiditätsentziehenden Wirkungen der Marktfaktoren zu Zinsausschlägen. Der Bedarf der Kreditinstitute an Zentralbankgeld, den sie zu jeder Zeit decken müssen, resultiert aus der Mindestreservepflicht bei der Bundesbank und aus der Bargeldnachfrage der Nicht-Banken.

---

47 Vgl. Deutsche Bundesbank, Geschäftsberichte 1980-1992, Teil B2, Jahresabschluß
48 Vgl. Issing, 1985, S. 168 f

3.2 Das geldpolitische Instrumentarium der Deutschen Bundesbank

In diesem Abschnitt sollen jene Bestandteile des geldpolitischen Instrumentariums dargestellt werden, die für die in dieser Arbeit untersuchten Aspekte von Bedeutung sind. Dies sind im wesentlichen die Diskont- und Lombardpolitik, die Wertpapierpensionsgeschäfte sowie die kurzfristigen Geldmarktgeschäfte mit den Kreditinstituten.[49] [50]

3.2.1 Die Diskontpolitik

Die Rediskontkredite rechnet die Bundesbank ebenso wie die Lombardkredite der klassischen Refinanzierung der Kreditinstitute zu.[51] Unter Refinanzierung ist die Kreditaufnahme der Kreditinstitute bei der Zentralbank zu verstehen, die zum Zwecke der Kreditgewährung an Dritte erfolgt.[52] Im Rahmen der Diskontpolitik legt die Bundesbank die Konditionen fest, zu denen die Kreditinstitute Wechsel an sie verkaufen (rediskontieren) können.[53]

Die Bundesbank sieht die Rediskontkredite als langfristige Refinanzierungskredite an, denn obwohl die Laufzeit der verwendeten Wechsel nicht länger als drei Monate ist, kann die Refinanzierung über neue Wechsel kontinuierlich fortgesetzt werden. Gleichzeitig entspricht die Refinanzierung über Wechsel dem Selbstliquidationsprinzip von Aktiva, was der Bundesbank erlaubt, die Wechselgeschäfte auch rasch wieder einschränken zu können.[54]

Die Refinanzierung über den Rediskontkredit soll nach Auffassung der Bundesbank den Kreditinstituten zur Deckung ihres Grundbedarfes dienen. Der Grundbedarf der Kreditinstitute wird durch die längerfristige Entwicklung des Bargeldumlaufs und des Mindestreservesolls bestimmt. Damit die Kreditinstitute die Rediskontkredite auch tatsächlich zur Deckung ihres längerfristigen Grundbedarfs in Anspruch nehmen, muß die Bundesbank dafür sorgen, daß die Anreize zur

49 Vgl. Deutsche Bundesbank, 1989, S. 47 f

50 In den letzten Jahren hat die Bundesbank die Mindestreservepolitik nicht mehr zur kurzfristigen Geldmarktsteuerung eingesetzt. An ihre Stelle traten die flexibleren Wertpapierpensionsgeschäfte. Deshalb soll in diesem Abschnitt die Mindestreservepolitik nicht weiter verfolgt werden. Siehe dazu etwa Deutsche Bundesbank, 1989, S. 65

51 Nicht zur klassischen Refinanzierung rechnet die Bundesbank die Wertpapierpensionsgeschäfte, vgl. Geiger, 1988, S. 133

52 Vgl. Bank-Lexikon, 1988, Stichwort: Refinanzierung

53 Vgl. § 15 BBankG und § 19 Abs. 1 Nr. 1 und 2. BBankG

54 Vgl. Geiger, 1988, S. 133 und Deutsche Bundesbank, 1989, S. 49.

Rediskont-Refinanzierung sich im Zeitablauf nicht allzu schnell und abrupt verändern. Um dies zu erreichen, setzt sie den Diskontsatz unter dem Niveau laufzeitäquivalenter Geldmarktzinsen fest. Auf diese Weise ist eine dauerhafte und weitgehend gleichmäßige Inanspruchnahme von Rediskontkrediten durch die Kreditinstitute gewährleistet.[55]
Zudem soll den Kreditinstituten über die günstigen Rediskontkredite ein gewisser Ausgleich für die unverzinsten Mindestreserven gewährt werden.

Im Rahmen ihrer quantitativen Diskontpolitik legt die Bundesbank für die einzelnen Kreditinstitute Rediskontkontingente (die sogenannten Individualkontingente) fest, die als Obergrenze für die Inanspruchnahme von Rediskontkrediten dienen. Zur Berechnung der Individualkontingente hat die Bundesbank ein einheitliches Bemessungsverfahren eingeführt.[56] Die Gesamtsumme aller Individualkontingente (das Globalkontingent) wird nach geldpolitischen Erwägungen bestimmt.[57] Durch eine Erhöhung/Verminderung der Rediskontkontingente verändert sich entsprechend der Rediskontierungsspielraum der Kreditinstitute und damit das Ausmaß der Liquidität, die ihnen zur Verfügung steht.[58]

Eine Änderung der Rediskontkontingente nimmt die Bundesbank vergleichsweise selten vor. Mit Hilfe der quantitativen Diskontpolitik soll die Liquiditätslage des Bankensystems nur auf längere Sicht zur Grobsteuerung beeinflußt werden.[59] Außerdem müssen die Rediskontkontingente an die Entwicklung des Eigenkapitals der Kreditinstitute angepaßt werden.
Für eine kurzfristig ausgerichtete Geldmarktsteuerung ist die quantitative Diskontpoltik auch weniger geeignet, da sie hohen technischen Aufwand verursacht und erhebliche Signalwirkungen auslösen kann.[60] Zudem ist sie mit Wirkungsverzögerungen verbunden, weil die Kreditinstitute Zeit benötigen, um bei einer Erhöhung/Verringerung der Rediskontkontingente ihren Bestand an Wechseln entsprechend aufzustocken bzw. abzuschmelzen. Normalerweise dauert es mehrere Monate, bis es zur gewünschten Anpassung der Zentralbankguthaben gekommen ist.[61] Dies ist zu lang, um auf schnelle Änderungen der Geldmarktverfassung adäquat reagieren zu können.

---

55 Vgl. Geiger, 1989, S. 182
56 Vgl. hierzu Abschnitt 4.6.1.2
57 Vgl. Deutsche Bundesbank, 1989, S. 48
58 Vgl. Jarchow, 1988, S. 115 f
59 Vgl. Deutsche Bundesbank, 1989, S. 48 f
60 Vgl. hierzu Abschnitt 5.2.5
61 Vgl. Geiger, 1989, S. 183 und Schlesinger, 1988a, S. 207 f

Die pretiale Diskontpolitik besteht aus der Variation des Diskontsatzes, also jenes Satzes, den die Bundesbank beim Ankauf von Wechseln der Berechnung des Abschlags vom Nennwert zugrunde legt.[62] Der Diskontsatz wurde bisher in der Praxis einheitlich für alle Wechsel erhoben, die im Diskontgeschäft bei der Bundesbank eingereicht werden. Von einer Differenzierung nach Schuldnern, Branchen oder Herkunft, wie sie das Bundesbankgesetz zuläßt, macht die Bundesbank keinen Gebrauch.[63] Das BBankG erlaubt es der Bundesbank, den Diskontsatz vollkommen autonom entsprechend ihrer geldpolitischen Zielvorstellungen festzusetzen.[64]

In der Praxis hat die Bundesbank den Diskontsatz meist nur in Abständen von mehreren Monaten variiert, wobei die Abstufungen häufig zwischen 1/2 und 1 Prozent lagen und damit verhältnismäßig moderat ausfielen.[65]

3.2.2 Die Lombardpolitik

Im § 19 Abs. 1 Nr. 3 BBankG wird der Bundesbank das Recht eingeräumt, verzinsliche Kredite gegen Pfänder auf längstens drei Monate bis zu einem Prozentsatz des Nennwertes der verpfändeten Wertpapiere zu gewähren. Als Pfänder kommen Wechsel, Schatzwechsel, unverzinsliche Schatzanweisungen sowie Obligationen und Schuldbuchforderungen in Frage. In dem sogenannten Lombardverzeichnis der Bundesbank ist im einzelnen aufgeführt, welche Wertpapiere bis zu welchen Beleihungsgrenzen von der Bundesbank lombardiert werden.

Die Bundesbank kann durch Variation des Lombardsatzes den Preis festlegen, zu dem die Kreditinstitute bei der Bundesbank Lombardkredite in Anspruch nehmen können. Dabei gilt der Lombardsatz einheitlich für alle bei der Bundesbank verpfändeten Wertpapiere.[66] Nach § 15 BBankG kann die Bundesbank den Lombardsatz autonom nach ihren geldpolitischen Absichten festlegen.

Für die Lombardkreditaufnahme bestehen keine festen Kontingente. Allerdings wird an die Inanspruchnahme von Lombardkrediten die Bedingung geknüpft, daß

---

62 Der hier definierte und von der Bundesbank festgelegte nominale Diskontsatz liegt immer etwas unter dem effektiven Diskontsatz, der die tatsächliche Zinsbelastung eines Rediskontkredits widerspiegelt. Vgl. Jarchow, 1988, S. 44

63 Vgl. dazu den Abschnitt über die selektive Diskontpolitik

64 Vgl. § 15 BBankG

65 Vgl. Deutsche Bundesbank, 1991, Monatsbericht für Jan., Statistischer Teil, Tab. V.1

66 Vgl. Deutsche Bundesbank, 1989, S. 53

sie nur zur Überbrückung eines kurzfristigen Liquiditätsbedarfs dienen soll. Dies ist in den kreditpolitischen Regelungen der Bundesbank festgelegt.

Den Lombardkrediten kommt nach der Vorstellung der Bundesbank die Rolle eines Notventils am Geldmarkt zu. Als Notventil soll der Lombardkredit den Kreditinstituten zur Deckung für unerwartete Spitzenbedarfe dienen, so daß Nachfrageschwankungen am Geldmarkt liquiditätsmäßig aufgefangen werden.[67] Ein unerwarteter Spitzenbedarf kann - wie gezeigt - aus der Pflicht zur Erfüllung der Mindestreserven und aus dem Wirken der Marktfaktoren resultieren. Der Notventilfunktion wird dadurch Rechnung getragen, daß der Lombardkredit nicht durch Kontingente begrenzt ist und ohne großen technischen Aufwand rasch erhöht oder auch zurückgezahlt werden kann.[68]

Normalerweise ist das Volumen der Refinanzierung über Lombardkredite wegen des im Vergleich zu anderen Refinanzierungsalternativen teureren Lombardsatzes unbedeutend. Einschränkend auf die Lombard-Refinanzierung wirken zusätzlich die an sie geknüpften Bedingungen im Rahmen der kreditpolitischen Regelungen. Falls es dennoch zu einer länger andauernden Lombard-Refinanzierung größeren Ausmaßes kommt, hat die Bundesbank das Recht, die Gewährung des Lombardkredits jederzeit zu begrenzen. Von diesem Recht machte die Bundesbank in der Vergangenheit schon häufiger Gebrauch. So setzte sie die Lombardkredite ganz aus, limitierte ihre Inanspruchnahme oder erhob einen Sonderlombardsatz, der über dem normalen Lombardsatz lag und der täglich geändert werden konnte. Die Limitierung der Lombardkredite erfolgte entweder durch Warnmarken, bei denen der Lombardkredit im Tagesdurchschnitt eines Monats nicht 20 % des Rediskontkontingents überschreiten durfte, oder durch Lombardlinien, bei denen die Lombardkredit-Inanspruchnahme auf 15 % der jeweiligen Normkontingente[69] beschränkt war. Schließlich konnte die Bereitschaft zur Vergabe von Sonderlombardkrediten von der Bundesbank täglich widerrufen werden.[70]

Die Bundesbank fixiert den Lombardsatz entsprechend seiner Rolle als Notventil über dem Diskontsatz.[71] In der Vergangenheit lag der Lombardsatz im Durchschnitt 1-2 % über dem Diskontsatz; die Spanne der Differenz reichte aber auch schon von 1/2 - 3 Prozent.[72] Die Bundesbank ist im Normalfall darauf bedacht, den Abstand zwischen Lombardsatz und Diskontsatz nicht zu groß werden zu las-

---

67 Vgl. Rhode, 1985, S. 144

68 Vgl. Deutsche Bundesbank, 1989, S. 55

69 Zum Begriff des Normkontingents siehe die Ausführungen in Abschnitt 4.5.1.2

70 Vgl. Deutsche Bundesbank, 1989, S. 52 und Jarchow, 1988, S. 124

71 Vgl. Geiger, 1989, S. 185

72 Vgl. Deutsche Bundesbank, Monatsbericht Jan. 1991, Statistischer Teil, Tab. V. 2.

sen, um den Subventionscharakter des Rediskontkredits in Grenzen zu halten.[73] Zu klein sollte der Abstand auch nicht sein, damit der Spielraum für die zinspolitische Feinsteuerung nicht zu sehr eingeengt ist.[74]

3.2.3 Die Wertpapierpensionsgeschäfte der Bundesbank

Im Rahmen von Wertpapierpensionsgeschäften geben die Kreditinstitute Wertpapiere bei der Bundesbank für eine bestimmte Frist in Pension und erhalten dafür Zentralbankgeld. Die Wertpapierpensionsgeschäfte sind mit einer Rückkaufvereinbarung versehen, die die Kreditinstitute dazu verpflichtet, die Wertpapiere nach Ablauf der Pensionszeit zu einem bestimmten Preis zurückzukaufen. De facto handelt es sich bei den Wertpapierpensionsgeschäften um eine Form der Kreditgewährung an die Kreditinstitute. Die Zinskosten ergeben sich aus der Differenz zwischen dem Rückkaufspreis und dem Ankaufspreis.[75]

Der Pensionszeitraum kann zwischen 13-65 Tagen liegen, wobei Abschlüsse für 1 oder 2 Monaten die Regel sind.[76] Von ihrer Fristigkeit stehen die Wertpapierpensionsgeschäfte zwischen dem kurzfristigen Lombard- und dem längerfristigen Rediskontkredit.[77]

Die Bundesbank bietet die Wertpapierpensionsgeschäfte in einem Ausschreibungsverfahren an, das entweder als Mengen- oder als Zinstender ausgestaltet ist. Kommt das Mengentenderverfahren zum Einsatz, setzt die Bundesbank den Pensionszeitraum und den Pensionssatz von vornherein fest. Die Kreditinstitute teilen der Bundesbank daraufhin mit, in welcher Höhe sie zu den gestellten Bedingungen Pensionsgeschäfte abschließen wollen. Falls die Summe der einzelnen Gebote größer ist als der Gesamtbetrag, den die Bundesbank abzuschließen bereit ist, muß der Gesamtbetrag den Kreditinstituten mit Hilfe eines Verteilungsschlüssels repartiert werden. Dabei wird für alle Gebote eine einheitliche Repartierungsquote festgesetzt. Der Zuteilungsbetrag für ein Kreditinstitut fällt durch dieses Verfahren um so höher aus, je größer das Volumen an Wertpapierpensionsgeschäften war, das es nachgefragt hat.[78]

---

73 Vgl. hierzu die Ausführungen in Abschnitt 5.1

74 Vgl. Abschnitt 3.3.2

75 Vgl. Jarchow, 1988, S. 103 f

76 Vgl. § 21 BBankG und die Kreditpolitische Regelungen.in den einzelnen Geschäftsberichten der Bundesbank

77 Vgl. Deutsche Bundesbank, 1989, S. 73, Tab. 8

78 Vgl. Dickertmann/Siedenberg, 1984, S. 102 und Wagenmann, 1991, S. 58

Beim Zinstenderverfahren wird der Pensionssatz nicht von der Bundesbank fixiert. Der Pensonssatz bildet sich durch die Gebote der Kreditinstitute. Die Kreditinstitute geben an, zu welchem Zinssatz sie in welcher Höhe Wertpapiere in Pension geben wollen. Die Bundesbank bestimmt den Pensionszeitraum und setzt einen Mindestbietungssatz fest, der den Kreditinstituten als Orientierungshilfe dienen soll.
Der tatsächlich angewandte Pensionssatz richtet sich nach dem Angebot, das die Bundesbank noch als letztes berücksichtigen muß, um den von ihr gewünschten Gesamtumfang an Wertpapierpensionsgeschäften abschließen zu können. Volle Zuteilung erhalten alle Institute, deren Gebote einen höheren Zinssatz als den ermittelten Pensionssatz aufweisen.[79]

Im Rahmen ihrer Liquiditätspolitik entscheidet die Bundesbank über den Gesamtbetrag der Wertpapierpensionsgeschäfte, die sie mit den Kreditinstituten abschließen will. Die Bundesbank kann den Gesamtbetrag durch die Höhe des Abschlußvolumens, die Abschlußhäufigkeit und die Laufzeiten beeinflussen. Der von der Bundesbank angestrebte Gesamtbetrag dient als Obergrenze für die Kreditvergabe durch Wertpapierpensionsgeschäfte. Er wurde in der Vergangenheit immer erreicht, weil die Bundesbank die Konditionen der Wertpapierpensionsgeschäfte so gestaltet hat, daß ihre Ausschreibungen stets von den Kreditinstituten überzeichnet wurden.[80] Wertpapierpensionsgeschäfte sind darüberhinaus ein wichtiger Bestandteil der pretialen Geldpolitik. So kann die Bundesbank die Refinanzierungskosten der Geschäftsbanken über die Pensionssätze verändern.[81]

Die Wertpapierpensionsgeschäfte sind inzwischen das wichtigste Instrument zur kurzfristigen Steuerung des Geldmarktes, weil die Bundesbank mit ihrer Hilfe sehr gezielt und schnell auf die Liquidität der Kreditinstitute Einfluß nehmen kann.[82] Die Bundesbank kann durch sie den Grad der Geldknappheit am Geldmarkt und die Geldmarktsätze, die sich häufig an den Pensionssätzen orientieren, schnell und in kleinen Schritten ändern. Die hohe Flexibilität der Wertpapierpensionsgeschäfte ergibt sich daraus, daß diese Geschäfte ständig prolongiert werden

---

79 Vgl. Beckh, 1986, S. 485
80 Vgl. Deutsche Bundesbank, 1989, S. 69 f und Wagenmann, 1991, S. 58
81 Vgl. Duwendag u.a., 1985, S. 319
82 Vgl. Thomas, 1988, S. 120 f

müssen, wobei die Laufzeit relativ kurz ist. Gleichzeitig erlauben die hohen Bestände von Wertpapieren in Händen der Kreditinstitute, daß diese die von der Bundesbank angebotenen Geschäfte sofort in Anspruch nehmen können. Das Abschlußvolumen der Wertpapierpensionsgeschäfte kann deshalb von der Bundesbank beinahe beliebig variiert und somit jederzeit an die jeweiligen Konstellationen des Geldmarktes angepaßt werden. Hinzu kommt, daß Wertapierpensionsgeschäfte aufgrund ihrer geringen Vorlaufzeit auch sehr kurzfristig Eingesetzt werden können.

Seit Mitte der achtziger Jahre benutzt die Bundesbank die Wertpapierpensionsgeschäfte auch verstärkt als Instrument der Grobsteuerung zur langfristigen Refinanzierung der Kreditinstitute.[83] Die Wertpapierpensionsgeschäfte übernehmen damit eine Funktion, die vorher ausschließlich dem Rediskontkredit zugedacht war. Die langfristige Bereitstellung von Liquidität geschieht durch eine kontinuierliche Revolvierung jenes Teils der Wertpapierpensionsgeschäfte, der zur Deckung des Grundbedarfs vorgesehen ist. Für diese Pensionsgeschäfte bietet die Bundesbank ein Laufzeitraum von 60 Tagen an, so daß sich deren Revolvierungshäufigkeit verringert. Ähnlich wie bei der kurzfristigen Geldmarktsteuerung besteht der Vorteil der Wertpapierpensionsgeschäfte in ihrer Flexibilität, was die geldpolitische Grobsteuerung erleichtert.[84] [85]

83 Ab dem Jahr 1987 wuchs das Volumen der Wertpapierpensionsgeschäfte - von kurzfristigen Schwankungen abgesehen - auf bis über 41 Mrd. DM an, was einen beträchtlichen Teil des Grundbedarfs an Zentralbankgeld deckt. Vgl. Deutsche Bundesbank, 1989, S. 71; Bisani, 1987, S.15 f und Wagenmann, 1990, S. 142

84 Vgl. Bisani, 1987, S. 150 und Beckh, 1986, S. 486

85 Auf die Wechselpensionsgeschäfte soll in dieser Arbeit nicht eingegangen werden, da diese auf Grund mangelnden Wechselmaterials seit 1982 von der Bundesbank nicht mehr eingesetzt werden.

3.2.4 Die Instrumente zur ganz kurzfristigen Beeinflussung des Geldmarktes

Die Devisenpensions- und die Devisenswapgeschäfte waren bis Anfang der achtziger Jahre die wichtigsten Instrumente zur ganz kurzfristigen Liquiditätssteuerung des Geldmarktes. Da diese Funktion mittlerweile von den Wertpapierpensionsgeschäften ausgefüllt wird, haben sie stark an Bedeutung verloren. Auf die Devisenpensions- und Devisenswapgeschäfte soll daher an dieser Stelle nicht weiter eingegangen werden.[86]

Zur täglichen Beeinflussung des Geldmarktes hat die Bundesbank den Wertpapierschnelltender eingeführt mit Laufzeiten von drei bis zehn Tagen. Dieser Schnelltender stellt für die Kreditinstitute ein sehr enges Substitut zum Tagesgeld dar. Für Schnelltender stehen im Unterschied zu den längerfristigen Pensionsgeschäften keine fixen Termine fest; sie werden nur dann durchgeführt, wenn es aus Sicht der Bundesbank notwendig ist. Dies war bisher sehr selten der Fall.[87]

Als letztes Instrument zur kurzfristigen Beeinflussung des Geldmarktes ist der Verkauf von Schatzwechseln zu erwähnen. Dabei tritt die Bundesbank Schatzwechsel zu einem vorher fixierten Zinssatz an die Kreditinstitute ab. Dieses Instrument setzt die Bundesbank dann ein, wenn sie Liquidität vom Geldmarkt absorbieren möchte, falls die Zinsen aufgrund einer Verflüssigung am Geldmarkt in einem unerwünschten Maße fallen.[88]

3.3 Der Einsatz der geldpolitischen Instrumente durch die Bundesbank

3.3.1 Die quantitative Geldpolitik der Bundesbank

Im Rahmen ihrer quantitativen Geldpolitik stehen der Bundesbank als wichtigste Instrumente die Kontingentierung der Rediskont- und Lombardkredite und die Festlegung des Volumens der Wertpapierpensionsgeschäfte zur Verfügung.

Will die Bundesbank eine expansive Geldpolitik betreiben, so kann sie die Refinanzierungsmöglichkeiten der Kreditinstitute durch eine Ausweitung der Rediskontkontingente und des Abschlußvolumens der Wertpapierpensionsgeschäfte erhöhen. Auf diese Weise steht den Kreditinstituten zusätzliche Liquidität zur Verfügung. Dabei ist ungewiß, inwieweit diese Maßnahmen tatsächlich zu einer

---

86 Geiger 1988, S. 140
87 Vgl. Deutsche Bundesbank, 1989, S. 33
88 Vgl. Deutsche Bundesbank, 1989, S. 72

Erhöhung der Geldmenge führen. Die Kreditinstitute können ihren erweiterten Liquiditätsspielraum zur Kreditvergabe an Nicht-Banken nutzen, müssen dies aber nicht. Die Entscheidung der Kreditinstitute hängt stark von der Kreditnachfrage der Nicht-Banken ab; respektive davon, ob die Nicht-Banken überhaupt bereit sind, weitere Kredite nachzufragen bzw. einen Kreditzins zu zahlen, der über den Refinanzierungszinsen der Bundesbank liegt. Positiv auf das Kreditgeschäft der Kreditinstitute dürfte sich allerdings auswirken, daß sich das Zinsniveau am Geldmarkt im Zuge expansiver Maßnahmen der Liquiditätspolitik tendenziell verringert. Nur reicht dies häufig allein nicht aus, um das Kreditgeschäft in dem gewünschten Maße zu beeinflussen. Hinderlich ist zudem ist eine gewisse Zurückhaltung der Kreditinstitute, in Rezessionsphasen Kredite zu vergeben.[89]

Falls die Bundesbank einen restriktiven geldpolitischen Kurs steuern will, kann sie die Rediskontkontingente und das Abschlußvolumen von Pensionsgeschäften verringern sowie den Lombardkredit kontingentieren. Soweit die Kreditinstitute ihre Sekundärliquidität[90] in hohem Maße ausgeschöpft haben, können sie sich den restriktiven Wirkungen dieser Maßnahmen nicht entziehen. Sie sind in diesen Fällen dazu gezwungen, ihre Kreditgeschäfte mit den Nicht-Banken zu drosseln, was zu einer verminderten Ausweitung der Geldmenge führt. Verfügen die Kreditinstitute dagegen noch über ausreichende Sekundärliquidität, so können sie diese in Primärliquidität umwandeln und dadurch die Wirkungen restriktiver Maßnahmen abschwächen.[91]

In den hier angesprochenen Situationen ist eine effektive Geldpolitik auf die unterstützende Wirkung der Zinspolitik angewiesen, die sich über eine Veränderung der Refinanzierungskosten für die Kreditinstitute auf deren Kreditgeschäft mit Nicht-Banken auswirkt.[92]

Nicht mit jeder quantitativen Maßnahme wird explizit ein expansiver oder restriktiver geldpolitischer Kurs verfolgt. Im Rahmen ihrer geldpolitischen Feinsteuerung ist die Bundesbank mit Hilfe der Liquiditätspolitik bemüht, die in Kapitel 3.1 aufgezeigten Störungen am Geldmarkt auszugleichen. Dazu schöpft sie auftretende Liquiditätsüberschüsse ab, stellt fortlaufend Liquidität bereit oder räumt Liquiditätsengpässe aus.[93]

---

89 Vgl. Issing, 1987, S. 59 f und Dickertmann/Siedenberg, 1984, S. 94

90 Zum Begriff der Sekundärliquidität vgl. Oberhauser, 1977, S. 212 und Oberhauser, 1978, S. 129

91 Vgl. Oberhauser, 1978, S. 133 und 137, Oberhauser, 1977, S. 214 und Köhler, 1978, S. 19

92 Vgl. Oberhauser, 1978, S. 138

93 Vgl. Thomas, 1988, S. 123 und Nemitz, 1980, S. 330 f

Die quantitativen Maßnahmen werden zur Kompensation von Liquiditätsveränderungen und von den daraus resultierenden Zinsschwankungen am Geldmarkt eingesetzt.[94]

Besonders hervorzuheben ist in diesem Zusammenhang die Wechselbeziehung von Liquiditätszuflüssen, die durch Devisenmarkttransaktionen der Bundesbank hervorgerufen werden, und dem Ausschreibungsvolumen von Wertpapierpensionsgeschäften. So verringerte die Bundesbank das Volumen von Wertpapierpensionsgeschäften in den Jahren 1986 und während der EWS-Krise im September/Oktober 1992 nach hohen Devisenzuflüssen ganz beträchtlich. Der Bedarf an Zentralbankgeld der Kreditinstitute wurde zu einem großen Teil durch die außenwirtschaftliche Komponente gedeckt.[95] Aufgrund der großen Bedeutung aber, die die Wertpapierpensionsgeschäfte mittlerweile für die Geldmarktsteuerung erreicht haben, erhöhte die Bundesbank ihr Volumen wieder, sobald dies die geldpolitische Situation zuließ.

3.3.2 Die pretiale Geldpolitik der Bundesbank

Der Rediskontkredit ist funktionsbedingt die billigste Refinanzierungsquelle für die Kreditinstitute.[96] Der Zusatzbedarf an Liquidität kann von den Kreditinstituten aufgrund der deshalb weitgehend ausgeschöpften Rediskontkontingente nicht mehr über eine zusätzliche Rediskontierung von Wechseln gedeckt werden.[97] Variationen des Diskontsatzes wirken sich primär auf die Geldmarktzinsen laufzeitäquivalenter Geldmarktkredite wie das Monats- oder das Dreimonatsgeld aus.[98]

Der Lombardsatz ist der teuerste Refinanzierungszins und steht in einer engen Beziehung zum Tagesgeldsatz.[99] Im Normalfall werden die Kreditinstitute den Lombardkredit nur in Anspruch nehmen, wenn ein unerwarteter Liquiditätsbedarf auftritt, der kurzfristig nicht durch andere Refinanzierungsquellen gedeckt werden kann. Sobald der Liquiditätsengpaß vorüber ist, sind die Kreditinstitute aus Kostengründen bestrebt, die Lombardverschuldung sofort wieder abzubauen.[100]

---

94 Vgl. Gleske, 1988, S. 134 f

95 Vgl. Pohl, 1988, S. 198 und Monatsbericht der Deutschen Bundesbank für September 1992, S. 12

96 Vgl. dazu Abschnitt 3.2.1

97 Vgl. Abschnitt 3.2.1

98 Vgl. Deutsche Bundesbank, 1989, S. 53 f

99 Vgl. Abschnitt 3.2.2

100 Vgl. Deutsche Bundesbank, 1989, S. 53 und Jarchow, 1988, S. 124 f

Der Lombardkredit als Notventil am Geldmarkt schafft eine Zinsobergrenze am Geldmarkt, den Lombardsatz. In Phasen knapper Liquidität am Geldmarkt, wenn die Kreditinstitute ihre Rediskontkontingente ausgeschöpft und die Wertpapierpensionsgeschäfte bereits überzeichnet haben, können sich die Kreditinstitute nur noch über Geldmarkt- oder Lombardkredite refinanzieren. Bis der Tagesgeldzins das Niveau des Lombardsatzes erreicht hat, werden die Kreditinstitute Geldmarktkredite in Anspruch nehmen. Auf der Höhe des Lombardsatzes kommt der Anstieg des Tagesgeldzinses zum Stillstand. Die Kreditinstitute sind im Normalfall nicht bereit, mehr als den Lombardsatz für einen Geldmarktkredit zu zahlen.[101]

Mit der Ausweitung der Wertpapierpensionsgeschäfte im Rahmen der Zentralbank-Refinanzierung hat der Pensionssatz weitgehend die dominierende Rolle für die Zinsbildung auf dem Tagesgeldmarkt als auch auf den längerfristigen Geldmärkten übernommen. Dies liegt daran, daß jeweils derjenige Refinanzierungszins, zu dem die Kreditinstitute ihren Zusatzbedarf an Zentralbankgeld decken können, zum Leitzins für den Geldmarktzins wird. Dies ist, wenn weder Liquiditätsknappheit noch -überschuß am Geldmarkt herrscht, der Pensionssatz für Wertpapierpensionsgeschäfte. Die Bundesbank kann in dieser Situation den Geldmarktzins im Band zwischen Diskont- und Lombardsatz sehr flexibel steuern, da ihr je nach Ausgestaltung des Pensionsgeschäfts verschiedene Pensionssätze zur Verfügung stehen und sie die Möglichkeit hat, den Pensionssatz wöchentlich in kleinen Abständen zu variieren.[102]

Im Rahmen der zinspolitischen Feinsteuerung bewegt sich der Tagesgeldzins häufig in einem noch engeren Band, das von unten durch den Schatzwechselsatz begrenzt wird. Zur Stabilisierung der Geldmarktzinsen gibt die Bundesbank kurzfristige Geldmarktpapiere wie z.B. Schatzwechsel an die Kreditinstitute ab. Damit schöpft sie einmal Liquidität vom Geldmarkt ab, was tendenziell zinssteigernd wirkt. Zum zweiten kann der Tagesgeldzins nicht unter den Abgabesatz für Schatzwechsel sinken, weil es sonst für die Kreditinstitute lukrativer würde, ihre Geldmarktpapiere bei der Bundesbank statt auf dem Geldmarkt zu erwerben. Der Abgabesatz wird auf diese Weise zu einer Untergrenze am Geldmarkt.[103]

Der Pensionssatz verliert seine Leitfunktion für den Tagesgeldzins, wenn in Phasen knapper Liquiditität das Abschlußvolumen von Wertpapierpensionsgeschäften überzeichnet wird, und darüberhinaus noch ein erheblicher Liquiditäts-

---

101 Vgl. Geiger, 1989, S. 185

102 Vgl. Bisani, 1987, S. 103 f

103 Vgl. Duwendag u.a., 1985, S. 169 f und Deutsche Bundesbank, 1989, S. 54

bedarf besteht. In solchen Situationen kann der Tagesgeldzins bis auf Höhe des Lombardsatzes ansteigen, so daß die Kreditinstitute einen Teil ihres Zusatzbedarfes über den Lombardkredit finanzieren. Der Lombardsatz löst den Pensionssatz als Leitzins auf dem Tagesgeldmarkt ab. Die Leitzinsfunktion des Lombardsatzes läßt sich häufig in Situationen beobachten, in denen die Bundesbank zu einem restriktiveren Kurs übergeht.[104] Solange sich der Tagesgeldzins am Lombardsatz orientiert, ist eine flexible Geldmarktsteuerung nicht möglich. Der Lombardsatz läßt sich funktionsbedingt und aufgrund der mit ihm verbundenen Signaleffekte nicht laufend verändern.[105] Die Bundesbank hat es aber in der Hand, durch ein erhöhtes Abschlußvolumen von Wertpapierpensionsgeschäften den Tagesgeldzins wieder vom Lombardsatz zu lösen.[106]

Fazit: Insgesamt kann konstatiert werden, daß der Pensionssatz maßgebend für die Zinssteuerung am Geldmarkt ist, sofern keine starken Anspannungen bestehen. In diesen Situationen decken die Kreditinstitute ihren Zusatzbedarf an Liquidität durch den Abschluß von Wertpapierpensionsgeschäften, so daß sich der Geldmarktzins an den Pensionssätzen orientiert.
Der Diskontsatz hat aufgrund seines geringen Niveaus den Kontakt zu dem Tagesgeldzins weitgehend verloren. Am Lombardsatz orientiert sich der Tagesgeldzins nur, wenn die Liquidität am Geldmarkt knapp und das Angebot an Wertpapierpensionsgeschäften den Kreditinstituten nicht ausreicht.

4. KRITIK AN DER DISKONT- UND LOMBARDPOLITIK

4.1 Unkontrollierte Liquiditätswirkungen der Refinanzierungskredite bei fixierten Leitzinsen

4.1.1 Analyse der Liquiditätswirkungen fixierter Leitzinsen

Die Kritik an der Leitzinsfixierung entzündete sich in Deutschland am Auftreten der sogenannten "Lombardfalle". Zu ihrer Erklärung ist zunächst die Funktion des Lombardkredits und die daraus resultierende Zinsstruktur am Geldmarkt zu berücksichtigen.

---

104 Vgl. Rohde, 1991, S. 4 und Geiger, 1989, S. 185

105 Vgl. Deutsche Bundesbank, 1987, S. 45 und Waud, 1970, S. 231 und Smirlock/Yawitz, 1984, S. 3 f

106 Vgl. Rohde, 1991, S. 11

Der Lombardsatz wird von der Bundesbank gemäß seiner Funktion als Liquiditätsreserve für einen unerwarteten Spitzenbedarf der Kreditinstitute über dem Niveau von Diskont- und Pensionssatz fixiert. Bei einer starken Nachfrage nach Zentralbankgeld ist - wie gezeigt - ein Anstieg des Tagesgeldzinses bis maximal zum Lombardsatz möglich. Der Lombardkredit ist in dieser Situation nicht mehr teurer als laufzeitäquivalente Geldmarktkredite.[107] Sofern der Tagesgeldzins für längere Zeit auf der Höhe des Lombardsatzes verharrt, kann es zu einem unkontrollierten Rückgriff auf Zentralbankgeld durch die Kreditinstitute kommen. Diese Konstellation am Geldmarkt wird als "Lombardfalle" bezeichnet. Das Auftreten der "Lombardfalle" kann eine inflationäre Entwicklung begünstigen. Problematisch an der "Lombardfalle" ist auch, daß eine dauerhafte Inanspruchnahme von Lombardkrediten deren Funktion als Refinanzierungsinstrument zur Deckung nur kurzfristiger Spitzenbedarfe zuwiderläuft.[108]
Die Bundesbank hat das Recht, die Gewährung des Lombardkredits aus kreditpolitischen Gründen jederzeit zu begrenzen oder einen Sonderlombardzins zu erheben.[109] Zu den kreditpolitischen Gründen gehört auch die "Lombardfalle". Die Maßnahmen der Lombardkontingentierung, wie die Lombardlinien oder die Warnmarken, haben den Nachteil, daß sie einen erratischen Zinsanstieg auslösen können, da der Lombardsatz als Zinsobergrenze am Geldmarkt entfällt. Im Falle der Erhebung eines Sonderlombardsatzes, der meist mehrere Prozentpunkte über dem Lombardsatz liegt, ist ein Anstieg des Tagesgeldzinses bis auf dessen Höhe möglich. Starke Zinsschwankungen am Geldmarkt, wie sie durch diese Maßnahmen der Bundesbank ausgelöst werden können, sind aber mit dem Risiko erheblicher Irritationen auf den Finanzmärkten und in der Öffentlichkeit verbunden.[110] Deshalb macht die Bundesbank von ihrem Recht, die Gewährung von Lombardkrediten einzuschränken, nur selten Gebrauch.

Der Versuch der Bundesbank im Jahre 1973, das Zinsniveau für den Spitzenbedarf mit Hilfe der Pensionssätze unter Kontrolle zu halten, scheiterte. So nahm die Bundesb`nk Inlandswechsel für zehn Tage zu Zinssätzen in Pension, die mit 16 % höher als der Sonderlombardzins lagen. Der Lombardkredit war zu diesem Zeitpunkt kontingentiert. Es zeigte sich, daß der Einsatz dieser Pensionsgeschäfte jeweils zu spät oder in nicht ausreichendem Maße erfolgte, wodurch die Geldmarktsätze vorübergehend bis auf 40 % hochschnellten und die Pensionssätze bei weitem übertrafen.[111]

---

107 Vgl. Abschnitt 3.3.2
108 Vgl. Rhode, 1991, S. 3 f und Deutsche Bundesbank, 1989, S. 51 f und Jäger, 1983, S. 128 f
109 Vgl. Abschnitt 3.2.2
110 Vgl. Deutsche Bundesbank, 1989, S. 53 f und Jarchow, 1988, S. 124
111 Vgl. Bisani, 1987, S. 108

Abbildung 1: Die graphische Darstellung der "Lombardfalle" und geldpolitischer Gegenmaßnahmen

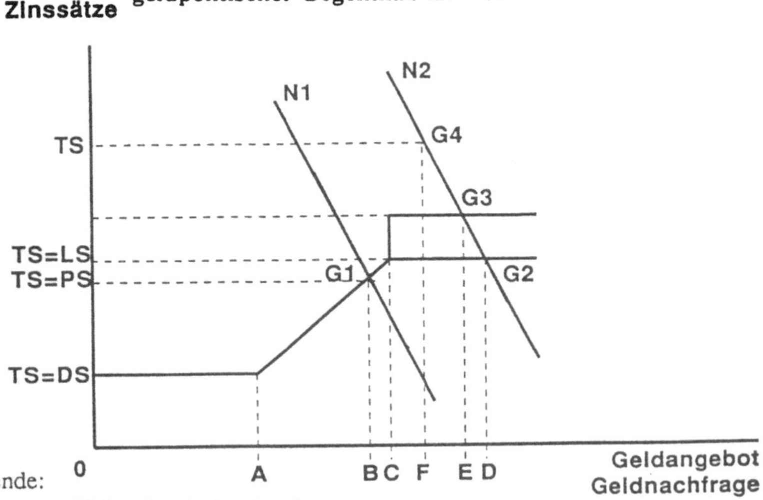

Legende:

SLS = Sonderlombardsatz
LS = Lombardsatz
PS = Pensionssatz
DS = Diskontsatz
Ni = Liquiditätsnachfragefunktion der Kreditinstitute
Gi = Gleichgewicht am Geldmarkt

Zunächst bilden der Diskont- und der Pensionssatz für Wertpapierpensionsgeschäfte eine Zinsobergrenze am Geldmarkt, wie etwa am Gleichgewichtspunkt 1. Die Kreditinstitute fragen in Höhe von 0-B Zentralbankgeld in Form von Rediskontkrediten und Wertpapierpensionsgeschäften nach. Kommt es zu einer Erhöhung der Nachfrage nach Zentralbankgeld der Kreditinstitute von N1 nach N2, ohne daß die Bundesbank ihre Refinanzierungszinsen verändert, steigt der Tagesgeldzins bis auf Höhe des Lombardsatzes. Auf dem Geldmarkt entsteht der neue Gleichgewichtspunkt G2. In dieser Situation decken die Kreditinstitute einen Teil ihrer Zentralbankgeldnachfrage über den Lombardkredit und zwar in Höhe von C-D. Je größer die Nachfrage c.p. ausfällt, desto stärker steigt auch die Inanspruchnahme der Lombardkredite. Erhebt die Bundesbank daraufhin einen Sonderlombardsatz, der um einen bestimmten Prozentsatz über dem alten Lombardsatz liegt, so entsteht ein neues Gleichgewicht G3 in Höhe des Sonderlombardsatzes am Geldmarkt. Die Kreditinstitute fragen in diesem Fall nur noch Lombardkredite in Höhe von C-E nach. Gleichzeitig löst der Sonderlombardsatz den Lombardsatz als Zinsobergrenze ab. Setzt die Bundesbank den Lombardkredit ganz aus oder führt Kontingente ein, über die die Nachfrage nach Zentralbankgeld weit hinausgeht, so kann es zu dem erwähnten erratischen Anstieg des Tagesgeldzinses kommen, der beispielsweise erst am Punkt G4 beendet ist (Sofern es nur zu einer Kontingentierung kommt, können die Kreditinstitute noch Lombardkredite in Höhe von C-F in Anspruch nehmen). Die Kreditinstitute müssen ihren Refinanzierungsbedarf, der über die eingeräumte Lombardverschuldungsmöglichkeit hinausgeht, vollständig auf dem Interbankenmarkt decken; ihnen stehen keine weiteren Refinanzierungslinien zur Verfügung.

Auch der Rediskontkredit kann zu einer Quelle unkontrollierter Geldschöpfung werden. Anders als der Lombardkredit steht der Rediskontkredit wegen der Laufzeit der rediskontierten Wechsel von bis zu drei Monaten in einer engen Substitutionsbeziehung zum Monats- und Dreimonatsgeld. Da die Bundesbank den Diskontsatz funktionsbedingt unter das Zinsniveau dieser Geldmarktkredite fixiert, werden die Rediskontkredite auch bei einer entspannten Situation am Geldmarkt von den Kreditinstituten in hohem Maße in Anspruch genommen.[112] Allerdings lassen sich die Kreditinstitute aus taktischen Gründen häufig einen gewissen Rediskontierungsspielraum offen. Ist ihr Zentralbankgeldbedarf nun sehr groß und liegen die Geldmarktzinsen entsprechend weit über dem Diskontsatz, so werden die Kreditinstitute versuchen, auch diesen Rediskontierungsspielraum noch vollständig auszuschöpfen. In diesem Rahmen ist eine - wenn auch recht begrenzte - autonome Zentralbankgeldschöpfung möglich.

Der Zugriff der Kreditinstitute auf Zentralbankgeld beruht sowohl beim Rediskont- als auch beim Lombardkredit auf der kurzfristigen Starrheit beider Leitzinssätze in bezug auf die Schwankungen der Geldmarktzinsen. Kommt es zu Veränderungen in den Differenzen zwischen den Leit- und Geldmarktzinsen, so wirkt sich dies auf den Anreiz der Kreditinstitute aus, sich bei der Bundesbank anstatt auf dem Geldmarkt zu refinanzieren.[113] Die Anreizverschiebungen veranlassen die Kreditinstitute, sich auf eigene Initiative Zentralbankgeld über Rediskont- und Lombardkredite zu verschaffen.[114] Während diese Initiativmög

112 Vgl. Deutsche Bundesbank, 1989, S. 53
113 Vgl. Aschheim, 1961, S. 91 und Issing/Rudolph, 1988, S. 107
114 Vgl. Jones, 1971, S. 26 und Friedman, 1959, S. 39 f

lichkeit beim Rediskontkredit durch die Rediskontkontingente begrenzt wird, bestehen für den Lombardkredit zunächst keine quantitativen Beschränkungen. Zwar hat die Bundesbank in ihren kreditpolitischen Regelungen Bedingungen an die Inanspruchnahme von Lombardkrediten geknüpft,[115] wie aber das Auftreten der "Lombardfalle" zeigt, ist in der Praxis eine hohe und längerfristige Lombardverschuldung dennoch möglich.

Das Auftreten der "Lombardfalle" macht deutlich, daß die klassische Refinanzierungspolitik der Bundesbank in geldpolitischen Restriktionsphasen nicht flexibel genug ist, um auf kurzfristige Änderungen der Geldmarktzinsen reagieren zu können. Zur Vermeidung unerwünschter Zentralbankgeldzuflüsse wäre eine stetige Anpassung der Leitzinsen an die Marktentwicklung notwendig.[116] Eine derart flexible Anpassung der Leitzinsen ist aber praktisch nicht durchführbar. Dies liegt in erster Linie an den Signaleffekten, die von einer Änderung der Leitzinsen ausgehen.[117] Leitzinsänderungen werden von den Marktteilnehmern und der Öffentlichkeit leicht als Änderung des geldpolitischen Kurses der Bundesbank gewertet, was unerwünschte Nebenwirkungen auf den Finanz- und Devisenmärkten nach sich ziehen kann.[118] Außerdem macht die Rolle des Rediskontkredits als langfristiges Refinanzierungsinstrument eine gewisse Konstanz des Diskontsatzes erforderlich, was sich ebenfalls einschränkend auf die Variationsmöglichkeiten des Lombardsatzes auswirkt, sofern der Abstand zwischen den beiden Leitzinsen nicht zu groß werden soll.

4.1.2 Geldmarktsteuerung und Lombardverschuldung in der Vergangenheit

In diesem Abschnitt sollen die Wechselbeziehungen zwischen der Geldmarktsteuerung und der Lombardverschuldung dargestellt werden. Ausgewählt wurden dazu die drei geldpolitischen Phasen zwischen 1973 und 1974, 1979 und 1982 sowie 1990 und 1991. Diese Phasen zeichnen sich jeweils durch einen restriktiven Kurs der Bundesbank, ein hohes Zinsniveau sowie einer hohen Lombardverschuldung aus und sind damit repräsentativ für jene Probleme, die im Mittelpunkt dieser Arbeit stehen.

---

115 Vgl. Abschnitt 3.2.2
116 Vgl. Geiger, 1988, S. 134 und Jones, 1971, S. 37
117 Vgl. Modigliani, 1971, S. 59 f und Friedman, 1959, S. 35 f und Neumann, 1975, S. 995
118 Vgl. Waud, 1970, S. 231 f und Smirlock/Yawitz, 1984, S. 3 f und Brown, 1979, S. 9 f

4.1.2.1) Geldmarktsteuerung und Lombardverschuldung in den Jahren 1973 und 1974

Abbildung 2: Geldmarktsteuerung und Lombardverschuldung in den Jahren 1973 und 1974

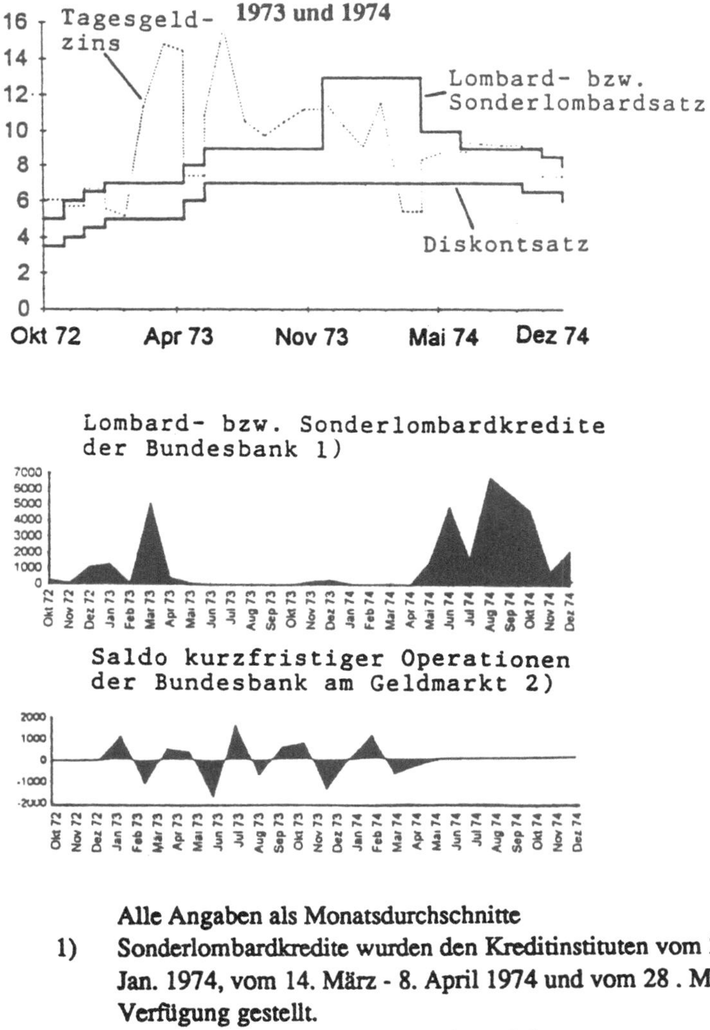

Alle Angaben als Monatsdurchschnitte

1) Sonderlombardkredite wurden den Kreditinstituten vom 26. Nov. 1973 - 11. Jan. 1974, vom 14. März - 8. April 1974 und vom 28 . Mai - 3. Juli 1974 zur Verfügung gestellt.

2) Pensionsgeschäfte mit Rückkaufsvereinbarung

Quelle: Ursprungsdaten aus den Monatsberichten der Deutschen Bundesbank

Die Wirtschaft der Bundesrepublik befand sich am Anfang des Jahres 1973 in einem kräftigen Konjunkturaufschwung. Die Industrie verbuchte einen Auftragszuwachs von über 17 % im Vergleich zum Vorjahr. Sie reagierte auf diese Situation mit einer kräftigen Ausweitung der Produktion und Preisaufschlägen. Der Preisindex lag knapp 8 % über dem des Vorjahres.[119]

Die Bundesbank schlug daraufhin einen restriktiven Kurs in der Geldpolitik ein. Im Mai und Juni hob sie den Diskont- und Lombardsatz um jeweils ein Prozentpunkt auf 7 % bzw. 9 % an. Vorher hatte sie bereits die Mindestreservesätze erhöht, die Rediskontkontingente verringert, eine Lombardwarnmarke eingeführt und diese dann mehrmals reduziert. Eine höhere Lombardverschuldung, wie sie kurzzeitig zwischen Februar und April aufgetreten ist, wurde auf diese Weise verhindert.
Die Kreditinstitute verfügten in dieser Phase über praktisch keinerlei Sekundärliquidität mehr. Immer wieder auftretende Auflockerungen am Geldmarkt, die durch Devisenzuflüsse im Rahmen der damaligen Währungsschlange auftraten, wurden durch liquiditätsabsorbierende Maßnahmen der Bundesbank beseitigt.[120] Die Marktfaktoren, die über den großen Steuertermin im Juni, während der darauffolgenden Urlaubszeit und auch durch gelegentliche Devisenabflüsse eine starke Wirkung entfalteten, sorgten deshalb in Verbindung mit der Begrenzung der Lombardkredite für extrem hohe Zinsausschläge von bis zu 40 % zur Jahresmitte. Die Kreditinstitute hatten immer wieder große Probleme, ihrer Mindestreservepflicht nachzukommen. Der kompensatorische Einsatz von Wertpapierpensionsgeschäften erfolgte meist zu spät, um diese Extremsituationen zu verhindern.[121]

In der zweiten Jahreshälfte 1973 und auch in den ersten sechs Monaten des Jahres 1974 setzte die Bundesbank ihren restriktiven Kurs fort, indem sie die Liquidität im Geschäftsbankensektor bewußt knapp hielt.[122] Gleichzeitig senkte sie den Sonderlombardsatz Ende Mai 1974 von 13 % auf 10 % und führte Anfang Juli den normalen Lombardsatz von 9 % ein. Dies war eine Konzession an eine sich bereits abzeichnende Schwäche der Kreditnachfrage, und außerdem wollte die Bundesbank die Kreditmärkte beruhigen, an denen aufgrund der Insolvenz der Herstatt-Bank Unruhe aufgekommen war.[123] Die Zulassung des normalen Lom-

---

119 Vgl. Monatsbericht der Deutschen Bundesbank für Mai 1973 S. 5 f

120 Vgl. Monatsbericht der Deutschen Bundesbank für Mai 1973, S. 8 und Monatsbericht der Deutschen Bundesbank für Juni 1973, S. 10 f.

121 Vgl. Monatsbericht der Deutschen Bundesbank für September 1973, S. 9 f.

122 Vgl. Monatsbericht der Deutschen Bundesbank für Oktober 1973, S. 5 und 7 und Monatsbericht der Deutschen Bundesbank für Mai 1974, S. 14 f.

123 Vgl. Monatsbericht der Deutschen Bundesbank für Juli 1974, S. 5 f.

bardkredits und die gleichzeitig immer noch restriktive Geldpolitik führten von Juni bis Oktober zum Auftreten der "Lombardfalle". Der Tagesgeldzins stieg bis auf die Höhe des Lombardsatzes, so daß die Kreditinstitute einen Teil ihres Bedarfes an Zentralbankgeld über Lombardkredite refinanzierten. Wegen der schwächeren Kreditnachfrage hoffte die Bundesbank jedoch, daß die hohe Lombardverschuldung nicht zu einer Ausweitung des Kreditgeschäfts genutzt würde.
Im vierten Quartal veränderte die Bundesbank ihren geldpolitischen Kurs. Sie erhöhte die Rediskontkontingente, verminderte die Mindestreservesätze und senkte die Leitzinsen. Damit wollte sie die mittlerweile schwache Kreditnachfrage anregen. Die Anspannungen am Geldmarkt waren daraufhin beseitigt.[124]

124 Vgl. Monatsbericht der Deutschen Bundesbank für November 1974, S. 5 und S. 12 f.

4.1.2.2) Geldmarktsteuerung und Lombardverschuldung in den Jahren zwischen 1979 und 1982

Abbildung 3: Geldmarktsteuerung und Lombardverschuldung in den Jahren zwischen 1979 und 1982

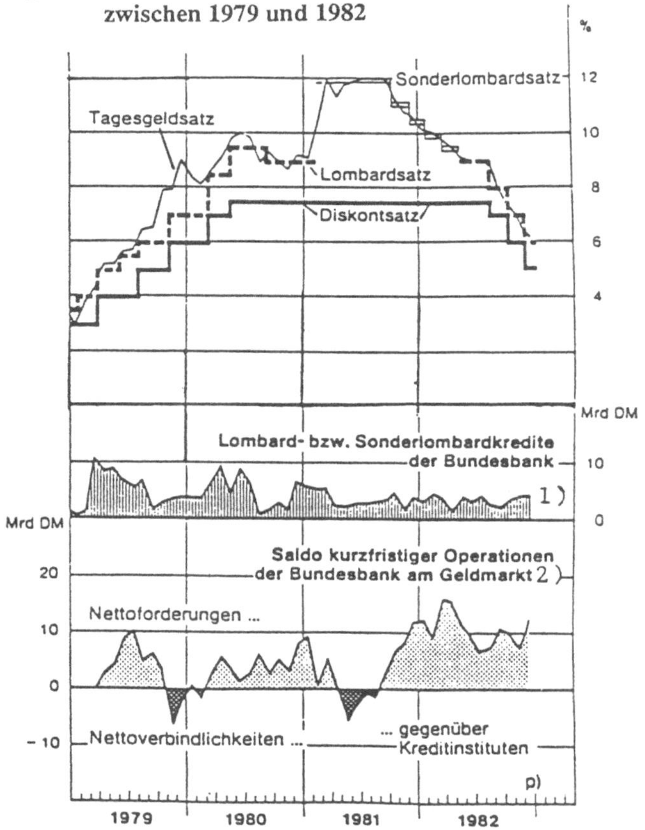

Alle Angaben als Monatsdurchschnitte

1) Lombardkredit zum Lombardsatz wurde den Kreditinstituten vom 20.2.1981 bis 6.5.1982 nicht zur Verfügung gestellt.

2) Devisenswap- und -pensionsgeschäfte, Wertpapier- und Wechselpensionsgeschäfte mit Rückkaufsvereinbarung sowie kurzfristigen Schatzwechselabgaben und § 17-Verlagerungen von Bundesmitteln

Quelle: Deutsche Bundesbank, Monatsbericht für Dezember 1982, S. 5

Das Jahr 1979 war durch eine zunehmende Kreditexpansion und einen sich abzeichnenden restriktiven Kurs der Bundesbank gekennzeichnet. Außerdem kam es aufgrund eines hohen Leistungsbilanzdefizits zu einem Liquiditätsentzug von 33 Mrd. DM für das Geschäftsbankensystem.[125] Die angespannte Lage am Geldmarkt führte für längere Zeit zu einem Anstieg des Tagesgeldzinses auf die Höhe des Lombardsatzes. Zwischen September 1979 und Februar 1980, als die Bundesbank die Lombardkredite mit Hilfe von Lombardlinien einschränkte, kam es auch zu extremen Zinsausschlägen von bis zu 30 %.[126] Nach der Aufhebung der quantitativen Beschränkung der Lombardkredite weiteten die Kreditinstitute ihre Lombardverschuldung erheblich aus; es trat die Situation der "Lombardfalle" ein. Die Bundesbank war in dieser Zeit bemüht, der steigenden Inanspruchnahme von Lombardkrediten durch eine kontinuierliche Anhebung des Lombardsatzes und des Diskontsatzes entgegenzusteuern. Da es ihr nicht gelang, die Situation durch diese Maßnahmen unter Kontrolle zu bekommen, entschloß sie sich Anfang 1981 zu einer Erhebung eines 12%igen Sonderlombardsatzes. Der Tagesgeldzins stieg auf die gleiche Höhe an. Als sich im Zuge einer konjunkturellen Abschwächung die Kreditexpansion verlangsamte, begann die Bundesbank, das Volumen ihrer kurzfristigen Ausgleichsoperationen am Geldmarkt wieder etwas auszuweiten. Sie wollte damit dem Liquiditätsentzug der Marktfaktoren entgegenwirken. Die Lombardverschuldung der Kreditinstitute ging zurück, und die Liquiditätssituation am Geldmarkt entspannte sich. Die Bundesbank fürchtete nicht mehr, daß diese Ausgleichsmaßnahmen inflationäre Wirkungen nach sich ziehen könnten.[127]

---

125 Vgl. Monatsbericht der Deutschen Bundesbank für November 1980, S. 7 f

126 Vgl. Monatsbericht der Deutschen Bundesbank für Februar 1981, S. 6 f

127 Vgl. Monatsbericht der Deutschen Bundundesbank für Mai 1981, S. 8 f

4.1.2.3 Geldmarktsteuerung und Lombardverschuldung in den Jahren 1990 und 1991

Abbildung 4: Geldmarktsteuerung und Lombardverschuldung in den Jahren 1990 und 1991

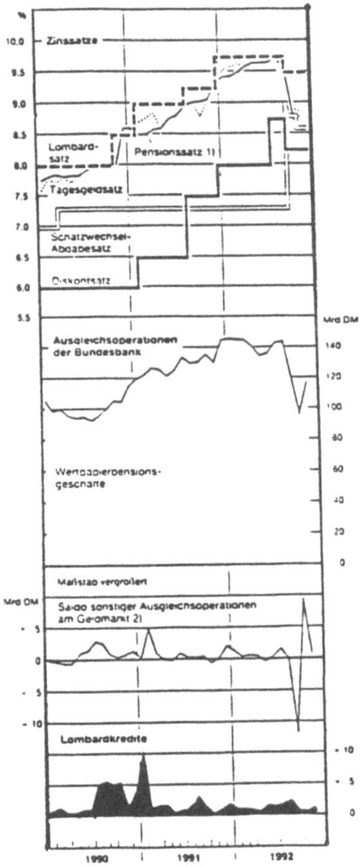

Alle Angaben als Monatsdurchschnitte

1) Wertpapierpensionsgeschäfte mit einmonatiger bzw. ab Oktober 1992 mit zweiwöchiger Laufzeit

2) Kurzfristige Schatzwechselabgaben, Devisenswap- und -pensionsgeschäfte und Schnelltender sowie § 17-Verlagerungen von Bundesmitteln

Quelle: Deutsche Bundesbank, Monatsbericht für Dezember 1992, S. 6

Im Verlauf des Jahres 1988 kam es konjunkturbedingt zu einer kräftigen Zunahme der Kreditexpansion, auf die die Bundesbank mit einer Verschärfung ihres geldpolitischen Kurses reagierte. Die Liquiditätssituation am Geldmarkt wurde daraufhin zusehends angespannter. Der Tagesgeldzins löste sich häufiger vom Pensionssatz und orientierte sich am Lombardsatz, was zu einer starken Zunahme der Lombardverschuldung führte. Auch der Pensionssatz bewegte sich aufgrund des Bietungsverhaltens der Kreditinstitute immer dichter am Lombardsatz, so daß die Bundesbank ihren Spielraum für die zinspolitische Feinsteuerung einbüßte. Mit Beginn des Jahres 1990 wurde die Situation am Geldmarkt wegen der zunächst ungewissen Liquiditätsdispositionen der Kreditinstitute in den neuen Bundesländern weiter verschärft.[128]

Der Bundesbank gelang es in diesem Zeitraum nicht, durch mehrere Erhöhungen des Lombardsatzes (und des Diskontsatzes) den Tagesgeldzins vom Lombardsatz zu lösen, um auf diese Weise die Lombardverschuldung der Kreditinstitute einzudämmen. Das Gegenteil trat ein: Die Inanspruchnahme von Lombardkrediten erhöhte sich von durchschnittlich 847 Mill. DM im Jahre 1988 auf bis zu 17,3 Mrd. DM im Januar 1991.[129] Während dieser längerfristig andauernden Anspannungsphase am Geldmarkt genügte jeweils der liquiditätsentziehende Einfluß einzelner Marktfaktoren, um die Lombardverschuldung der Kreditinstitute in die Höhe zu treiben. Im Januar 1991 hob die Bundesbank daraufhin den Lombardsatz nochmals von 8.5 auf 9 % an und schleuste gleichzeitig verstärkt Liquidität in das Geschäftsbankensystem. Die Pensionssätze für Wertpapierpensionsgeschäfte fixierte sie auf 8.5 %, um sie vom Lombardsatz zu lösen. Durch diese Entzerrung der Zentralbanksätze gewann die Bundesbank ihren zinspolitischen Spielraum zurück. Mit dem zusätzlich bereitgestellten Zentralbankgeld entspannte sich die Situation am Geldmarkt etwas, so daß die Gefahr einer Fortsetzung der "Lombardfalle" beseitigt war. Da die Auflösung der "Lombardfalle" ohne eine Verringerung des Zinsniveaus am Geldmarkt einhergegangen war, hoffte die Bundesbank, das zu dieser Zeit hohe Wachstum der Geldmenge trotz der zusätzlich bereitgestellten Liquidität reduzieren zu können.[130] Im Anschluß an dieses Eingreifen der Bundesbank blieb die Situation am Geldmarkt zwar weiterhin angespannt, aber die "Lombardfalle" ist seit dem Januar 1991 in größerem Umfang nicht mehr aufgetreten.

---

128 Vgl. Jahresbericht der Deutschen Bundesbank für 1990, S. 10 f

129 Vgl. Rohde, 1991, S. 1991, S. 2

130 Vgl. Monatsbericht der Bundesbank für Februar 1991, S. 6 f

4.2 Der Einfluß freier Refinanzierungsspielräume auf die Wirksamkeit der Liquiditätspolitik

Die Möglichkeit der Kreditinstitute, sich auf eigene Initiative Zentralbankgeld bei der Bundesbank zu beschaffen, kann den Wirkungsmechanismus der Liquiditätspolitik konterkarieren und somit die Kontrolle der Geldmenge zusätzlich erschweren.
Verschärft die Bundesbank mit Hilfe ihrer geldpolitischen Instrumente ihren Kurs, indem sie etwa das Volumen an Wertpapierpensionsgeschäften herunterschraubt, verringert sich die Liquidität auf dem Geldmarkt, und die Geldmarktzinsen steigen. Bei unverändertem Liquiditätsbedarf und fixierten Leitzinsen werden die Kreditinstitute dazu übergehen, die ihnen noch verbliebenen Rediskontierungsspielräume und das angebotene Volumen an Wertpapierpensionsgeschäften vollständig auszuschöpfen. Ist dies geschehen, so werden sie zunehmend auf Lombardkredite zurückgreifen. Auf diese Weise erhöht sich die Primärliquidität der Kreditinstitute, wodurch den liquiditätspolitischen Operationen ein Teil ihrer restriktiven Wirkung genommen wird. Die liquiditätspolitische Steuerung wird erschwert.
Umgekehrtes gilt im Falle expansiver Operationen. Führt die Bundesbank eine expansive Liquiditätspolitik durch, so werden die Kreditinstitute das ihnen zugeflossene Zentralbankgeld zunächst dazu verwenden, die teuren Lombardkredite abzubauen. Möglicherweise werden sie anschließend die Verschuldung über Rediskontkredite verringern, um sich wieder einen erhöhten Spielraum bei der Rediskontkreditinanspruchnahme zu verschaffen. Die expansive Wirkung der Liquiditätspolitik fällt folglich geringer aus.

4.3 Ungewisse Mengenwirkungen von Leitzinsänderungen

Die Mengenwirkungen einer Leitzinsänderung sind ungewiß. Es ist kaum zu prognostizieren, inwieweit sich eine Änderung des Diskont- oder Lombardsatzes auf die Inanspruchnahme beider Refinanzierungskredite auswirken wird und damit auf die Liquidität im Bankensektor insgesamt. Die Wirkungen von Leitzinsänderungen auf die Bereitschaft der Kreditinstitute, sich bei der Bundesbank zu refinanzieren, hängt von einer Vielzahl von Faktoren ab. Als wichtigste sind das Niveau der Geldmarktzinsen, der Euromarktzinsen, die Kosten der Liquidation der übrigen Sekundärliquidität, die Kreditzinsen sowie die Erträge aus anderen Anlagemöglichkeiten zu nennen. Zudem sind die Auswirkungen einer Leitzinserhöhung auf das Kreditgeschäft der Kreditinstitute mit den Nicht-Banken ungewiß. Diese Auswirkungen hängen vom Ausmaß der Überwälzung der erhöhten Refinanzierungskosten auf die Kreditzinsen für Nicht-Banken ab und von der Zinselastizität der Kreditnachfrage, die im Zeitablauf erheblichen Schwankungen unterliegen kann. In diesem Zusammenhang wird von den Kritikern die Effektivität der Zinspolitik als geldpolitisches Instrument insgesamt in Frage gestellt.[131]

4.4 Signalwirkungen diskretionärer Änderungen von Diskont- und Lombardsatz

Die Signalwirkungen einer Leitzinsvariation beruhen auf zwei Sachverhalten:
1. Die Bundesbank verfügt über die Marktmacht am Geldmarkt, um den von ihr angestrebten geldpolitischen Kurs durchzusetzen.
2. Eine Veränderung der Leitzinsen wird als Hinweis für den zukünftigen geldpolitischen Kurs der Bundesbank betrachtet.[132]

Zu 1. Die Bundesbank verfügt - wie in Kapitel 3 gezeigt - neben dem Diskont- und Lombardsatz noch über eine Reihe anderer Instrumente, um den Geldmarkt in die von ihr gewünschte Richtung zu lenken. Die Konditionen am Geldmarkt stehen weitgehend unter ihrer Kontrolle.[133]
Zu 2. Durch die Leitzinsfixierung schafft die Bundesbank mittelfristig wichtige Bedingungen am Geldmarkt, mit denen andere geldpolitische Maßnahmen in einem konsistenten Zusammenhang stehen müssen. Deshalb erwarten die Öffentlichkeit und die Kreditinstitute, daß in dem Entscheidungsprozeß des Zentralbankrats, der einer administrativen Leitzinsfixierung vorausgeht, auch der zukünftige geldpolitische Kurs festgelegt wird.
Diese Erwartung der Marktteilnehmer und die Marktmacht der Bundesbank am Geldmarkt zusammen verschaffen der Leitzinsfixierung ihre Signalwirkung für die in der Zukunft erwarteten Bedingungen am Geldmarkt.

Die von einer Leitzinsvariation ausgehenden Signalwirkungen haben eine unterschiedliche Bedeutung für Kreditinstitute und Nicht-Banken.

---

131 Vgl. Friedman, 1959, S. 39 f und Van Hoose, 1988, S. 285 f
132 Vgl. Cook/Hahn, 1988, S. 168
133 Vgl. Jarchow, 1988, S. 120

Für die Kreditinstitute ist eine Variation der Leitzinsen ein Signal dafür, daß sich ihre Refinanzierungskosten verändern, was sie auf ihre Kreditzinsen umlegen müssen, wenn sie ihre Gewinnspanne aufrecht erhalten wollen. Eine Veränderung der Leitzinsen beeinflußt daher tendenziell den Umfang ihres Kreditgeschäfts.
Für die Kreditnehmer signalisiert eine Leitzinsvariation, daß sich ihre Kreditkosten ändern werden, was im Prinzip ihre Investitions- und Konsummöglichkeiten erhöht bzw. verringert.[134]

Die Signalwirkungen einer Leitzinsvariation wirken sich verstärkend auf die Primäreffekte der Zinspolitik aus und sind somit positiv zu beurteilen, falls die Bundesbank mit einer Leitzinsvariation tatsächlich einen veränderten geldpolitischen Kurs einleiten will.[135]
Auf der anderen Seite ist es möglich, daß die Leitzinsen nur an veränderte Geldmarktkonstellationen angepaßt werden, ohne daß dieser Maßnahme ein Kurswechsel in der Geldpolitik zugrunde liegt. Man spricht in diesem Zusammenhang von einer technischen Anpassung der Leitzinsen. In einer solchen Situation kann es durch die Signalwirkungen zu Zinsänderungen auf den einzelnen monetären Märkten kommen, die nicht im geldpolitischen Interesse der Bundesbank liegen.[136] So ist es möglich, daß die Kreditinstitute bei einer Anhebung von Diskont- und Lombardsatz in Zukunft mit verschärften Bedingungen am Geldmarkt rechnen, obwohl nur eine technische Anpassung vorgenommen wurde. Die Kreditinstitute versuchen in diesem Fall, auf die vermeintlich noch günstigen Refinanzierungsquellen der Gegenwart zurückzugreifen. Ein nicht gewollter Anstieg des Zinsniveaus auf dem Interbankengeldmarkt kann die Folge sein.[137]

Die Leitzinsänderung bietet der Bundesbank auch die Möglichkeit, auf den Konjunkturverlauf Einfluß zu nehmen. So kann sie mittels einer Leitzinserhöhung allen am Wirtschaftsprozeß beteiligten Gruppen ein Signal setzen, um deutlich zu machen, daß sie einem inflationstreibenden Aufschwung entgegenwirken wird. Auch in diesem Fall ist es denkbar, daß die Signalwirkungen den Intentionen der Bundesbank nützen oder zuwiderlaufen. Einerseits führt die Leitzinserhöhung zu verschärften Kreditkonditionen, was bei Investoren und Konsumenten pessimistische Erwartungen hervorruft und somit den Zielen der Bundesbank entgegenkommt. Andererseits kann die Leitzinserhöhung von den Investoren als Hinweis gewertet werden, daß die Bundesbank auch in Zukunft mit einer starken Zunahme der wirtschaftlichen Aktivität rechnet. Dies wäre ein Anreiz für weitere Investi-

---

134 Vgl. Jones, 1971, S. 35 f

135 Vgl. Lombra/Torto, 1977, S. 171 und Waud, 1970, S. 231

136 Vgl. Cook/Hahn, 1988, S. 168 und Kliman, 1974, S. 636

137 Vgl. Waud, 1970, S. 249 und Jones, 1971, S. 36 und Cook/Hahn, 1988, S. 36 f

tionen, was nicht im Interesse der Geldpolitik liegen würde. Allerdings ist anzumerken, daß sich die Konjunkturerwartung der Investoren aus einer Vielzahl von Faktoren bildet, so daß diese Form der negativen Signalwirkungen nicht allzu stark ins Gewicht fallen dürfte.[138]

Die Signalwirkungen einer Leitzinsvariation strahlen auch auf die Kapitalmärkte aus, und zwar insbesondere auf den Rentenmarkt. Dies geschieht allerdings in abgeschwächter Form. Dabei sind Anleihen mit einer kürzeren Laufzeit stärker von Signalwirkungen betroffen als Anlagen mit einer längeren Laufzeit. Bereits die Primärwirkungen des Paralleleffekts einer Leitzinsänderung nehmen mit zunehmender Laufzeit der Kapitalmarkttitel ab, weil sich die Substitutionsbeziehung zum Geldmarkt verringert. Was für die Primärwirkungen gilt, wirkt sich entsprechend auch auf die Signalwirkungen aus.[139]
Sofern die Signalwirkungen am Kapitalmarkt Zinsbewegungen auslösen, die den geldpolitischen Intentionen entsprechen, sind sie positiv zu beurteilen. Tun sie dies nicht, was bei einer technischen Anpassung der Fall sein kann, so übertragen sie die Probleme am Geldmarkt auf den Kapitalmarkt.[140]

Von besonderem Gewicht sind die Signalwirkungen einer Leitzinsänderung für die Devisenmärkte. Die Primärwirkungen einer Leitzinsänderung beeinflussen den Außenwert der D-Mark gegenüber anderen Währungen, indem sie die Renditen inländischer Anlagen verändern und somit internationale Kapitalströme auslösen können. Die Signalwirkungen einer Leitzinsvariation erhöhen nun noch zusätzlich durch ihren Einfluß auf die Zinserwartungen der Marktteilnehmer das Ausmaß dieser Kapitalströme und damit die Veränderungen der Wechselkurse.[141] Ähnlich wie auf den monetären Märkten können sich die Signalwirkungen positiv oder aber auch negativ für die Intentionen der Bundesbank auswirken.[142] Verfolgt die Bundesbank mit einer Zinsänderung ein wechselkurspolitisches Ziel, so erhöhen die Signalwirkungen die Effektivität der eingeleiteten Maßnahme. Die Signalwirkungen verstärken den Einfluß der Primäreffekte.

Will die Bundesbank mit ihrer Leitzinsvariation primär die Bedingungen am inländischen Geldmarkt ändern oder eine technische Anpassung vornehmen, hat sie die Primär- und Signalwirkungen auf die Wechselkursmärkte zu berücksichtigen.

---

138 Vgl. Smith, 1958, S. 174 und Jones, 1971 S. 36
139 Vgl. Smirlock/Yawitz, 1984, S. 3 f und die Abschnitte 5.2.5 und 5.3
140 Vgl. Abschnitt 5.3
141 Vgl. Abschnitt 5.4
142 Vgl. Brown, 1979, S. 1 und 6 f

Ansonsten können unerwünschte Nebenwirkungen auf den Devisen-, Kapital-, Geld- und Gütermärkten die Folge sein.[143]

Abschließend bleibt festzuhalten, daß die Ungewißheit über die Interpretation von Leitzinsänderungen häufig zu einer Verunsicherung auf den Finanz- und Devisenmärkten führt. Diese Verunsicherung wird noch dadurch verstärkt, daß bereits im vorhinein über zukünftige Leitzinsänderungen spekuliert wird. Aus diesem Grund haben die Signalwirkungen von Leitzinsänderungen nicht selten einen negativen Einfluß für die Geldpolitik, und zwar unabhängig davon, ob es sich um eine technische oder korrigierende Leitzinsänderung handelt.[144] Außerdem tragen die Signalwirkungen dazu bei, den Zielkonflikt zwischen einer binnenwirtschaftlich ausgerichteten Zinspolitik und den außenwirtschaftlichen Erfordernissen zu verschärfen.
Selbst wenn die Signalwirkungen einen unterstützenden Charakter für die geldpolitischen Intentionen der Bundesbank haben, bleibt ihr Ausmaß eine unbekannte Größe. So ist es möglich, daß die Bundesbank von den Zins- oder Wechselkursbewegungen, die von einer Leitzinsänderung hervorgerufen werden, überrascht und sie im Anschluß zu Korrekturmaßnahmen gezwungen wird.

4.5 Wettbewerbswirkungen der administrativen Fixierung von Diskont- und Lombardsatz

4.5.1 Wettbewerbswirkungen der administrativen Diskontsatzfixierung

Der Rediskontkredit ist aufgrund der ihm zugedachten Rolle als langfristiges Refinanzierungsinstrument die kostengünstigste Refinanzierungsquelle für die Kreditinstitute im Rahmen des Refinanzierungsinstrumentariums der Bundesbank. Aus diesem Grund kann der Wettbewerb zwischen den Kreditinstituten beeinflußt werden, falls der Rediskontkredit für die einzelnen Kreditinstitute bzw. Kreditinstitutsgruppen nicht in gleicher Weise zugänglich ist.[145]

---

143 Vgl. Kapitel 5.4
144 Vgl. Issing/Rudolph, 1988, S. 103 f
145 Vgl. Issing, 1988b, S. 220 f

4.5.1.1 Bankengruppendifferenzierte Wechselbeschaffungsmöglichtkeit als Ursache von Wettbewerbsverzerrungen

Die Möglichkeit der Kreditinstitute, sich rediskontfähige Wechsel zu beschaffen, hängt von ihrer Geschäftsstruktur ab. Kreditinstitute, die in hohem Maße an Kunden eines bestimmten Einzugsgebietes gebunden sind, laufen trotz der Möglichkeit des Wechselhandels Gefahr, ihre Rediskontkontingente nicht voll ausschöpfen zu können, wenn sie von regionalen Engpässen im Wechselaufkommen betroffen werden. Diese Kreditinstitute sind nicht in der Lage, die Engpässe auf überregionaler Ebene auszugleichen. Mit diesem Problem konfrontiert sind die Kreditinstitute des Sparkassen- und Genossenschaftsbereichs. Der Einzugsbereich der Sparkassen ist auf das Gebiet der kommunalen Gewährsträger begrenzt und das der Kreditgenossenschaften auf den Einzugsbereich ihrer Mitglieder. Im Unterschied dazu ist es den Filialgroßbanken mit ihren überregionalen Filialnetzen leichter möglich, regionale Engpässe des Wechselaufkommens zu überwinden. Sie können diese durch Wechselbestände aus ihrem übrigen Geschäftsbereich, der sich häufig über die ganze Bundesrepublik erstreckt, bankintern ausgleichen. Der bankinterne Wechselfluß erlaubt den Filialgroßbanken, ihre Rediskontkontingente voll auszuschöpfen und sie in optimaler Weise auf ihre Filialen zu verteilen.[146]

Bei unzureichendem Wechselbestand können sich die Kreditinstitute gegen Zahlung von Zinsen zentralbankfähige Wechsel anderer Kreditinstitute beschaffen und diese bei der Bundesbank einreichen. Aufgrund dieses Wechselhandels ist es den zentralen Verbundinstituten der Sparkassen und Kreditgenossenschaften möglich, ihre Kontingente besser auszuschöpfen. Eine Zuteilung der Wechselbestände von den zentralen Verbundinstituten zu den Primärbanken, die aufgrund des mehrstufig aufgebauten Verbundsystems des Sparkassen- und Genossenschaftssektors notwendig wird,[147] ist jedoch wegen der großen Zahl der Primärinstitute und in Anbetracht der relativ kurzen Wechsellaufzeiten nur unzureichend zu bewerkstelligen. Hinzu kommt, daß die Höhe der Zentralkassenwechsel die verbliebenen Refinanzierungslinien der einzelnen Ortsbanken häufig überschreitet. Die Zentralkassenwechsel können dann nicht bei der Bundesbank eingereicht werden. Durch den Wechselhandel werden zwar die Unterschiede bei der Wechselbeschaffung verringert, aber nicht beseitigt.[148]

---

146 Vgl. Wagenmann, 1991, S. 87 f und Zimmermann, 1984, S. 105

147 Vgl. Zimmermann, 1984, S. 115 f

148 Vgl. Wagenmann, 1991, S. 90 und Zimmermann, 1984, S. 117 f

Bedenkt man, daß die Sparkassen und die Kreditgenossenschaften von der Anzahl ihrer selbständigen Institute und der Zweigstellen die größte Gruppe von Kreditinstituten darstellt, sind die Wettbewerbsverzerrungen, die aus der unterschiedlichen Wechselbeschaffungsmöglichkeit und dem niedrigen Kostenniveau des Rediskontkredits resultieren, als beträchtlich einzustufen.

4.5.1.2 Das Rediskontkontingentbemessungsverfahren als Ursache von Wettbewerbsverzerrungen

Mit Hilfe des Rediskontkontingentbemessungsverfahrens wird den Kreditinstituten ihr Individualkontingent berechnet und zugeteilt. Es handelt sich bei diesem Verfahren um eine Art Verteilungsschlüssel für das dem gesamten Bankensektor zur Verfügung gestellte Global-Kontingent. Solchen Verteilungsschlüsseln, die administrativ bestimmt sind, haftet fast unvermeidlich eine gewisse Willkür an, da es objektive Kriterien für ihre Berechnung nicht gibt. Begünstigungen oder Benachteiligungen für die eine oder andere Gruppe von Kreditinstituten sind die Folge. Dies gilt auch für das Rediskontkontingentbemessungsverfahren der Bundesbank.[149]

In die Berechnung der Normkontingente, die den Rediskontkontingenten zugrunde gelegt werden, geht eine Eigenkapitalkomponente ein. Es läßt sich aufgrund der multiplikativen Einbeziehung des haftenden Eigenkapitals in die Berechnungsformel für die Normkontingente ableiten[150], daß mit zunehmender Eigenkapitalausstattung der Kreditinstitute das Normkontingent für ein Kreditinstitut größer ausfällt.
Die Fähigkeit der Kreditinstitute, sich Eigenkapital zu beschaffen, ist aber unterschiedlich ausgeprägt. Insbesondere die Aktienbanken können vergleichsweise einfach auf dem Börsenwege zu Eigenkapital gelangen. Sie verfügen damit gegenüber anderen Institutsgruppen, insbesondere den Spar- und Kreditgenossenschaften, über einen Wettbewerbsvorteil. Allerdings wird dieser Wettbewerbsvorteil durch die degressive Anrechnung des Eigenkapitals abgeschwächt. Das Eigenkapital der Großbanken wird z.B. nur zu 75% berücksichtigt, während dies bei den Sparkassen zu 98% der Fall ist.[151]

Noch problematischer für die Wettbewerbssituation zwischen den Kreditinstituten ist die Einbeziehung der Strukturkomponente in die Berechnung der Normkontin-

---

149 Vgl. Issing, 1988b, S. 233
150 Die Berechnungsformel für die Normkontingente lautet:
Normkontingent = Eigenkapitalkomponente * Strukturkomponente * Einheitsmultiplikator
151 Vgl. Issing/Rudolph, 1988, S. 65 f und Geiger, 1988, S. 135

gente. Die Strukturkomponente bezieht sich auf das Verhältnis der kurz- und mittelfristigen Kredite an Nicht-Banken zum gesamten Geschäftsvolumen eines Kreditinstituts. Mittels der Strukturkomponente werden die anrechenbaren Eigenmittel reduziert, wobei die Kürzung um so geringer ausfällt, je höher der Anteil der Nicht-Banken gewährten kurz- und mittelfristigen Kredite an den gesamten Aktiva ist.[152] Der Strukturkomponente liegt die Intention der Bundesbank zugrunde, nur das kurz- und mittelfristige Kundenkreditgeschäft mit dem Rediskontkredit zu refinanzieren.[153] Sie führt aber auch dazu, daß Kreditinstitute bzw. Kreditinstitutsgruppen, die aufgrund ihrer Kundenstruktur einen übermäßig hohen Anteil von langfristigen Kundenkrediten an ihrem gesamten Kreditgeschäft aufweisen, benachteiligt werden. Bei den Landesbanken liegt die Strukturkomponente bei rund 10%, bei den Sparkassen knapp unter 19%, bei den Kreditgenossenschaften und Zentralbanken bei etwa 30% und bei den Großbanken bei mehr als 35%. Dies bedeutet, daß insbesondere die Landesbanken und die Sparkassen durch die Strukturkomponente Nachteile in Kauf nehmen müssen. Hinzu kommt, daß gerade diejenigen Kreditinstitute begünstigt werden, die ohnehin schon bei der Wechselrefinanzierung über große Marktanteile verfügen.[154]

Als zusätzliches wettbewerbspolitisches Problem der Strukturkomponente ist anzusehen, daß sie nicht den erhöhten Refinanzierungsbedarf von Kreditinstituten berücksichtigt, die ein ausgeprägtes Interbankengeschäft aufweisen. Dies ist wiederum für die Sparkassen und Kreditgenossenschaften der Fall, weil die Girozentralen und genossenschaftlichen Zentralkassen für ihre Institute der Primärstufe als Liquiditätsausgleichsstellen fungieren und somit zwischen den Institutsebenen ein entsprechendes Interbankengeschäft auftritt.[155]

Schließlich läßt die Bundesbank nur diejenigen Kreditinstitute zum Rediskontverkehr zu, die ein eigenes LZB-Konto unterhalten. Rund ein Drittel der 3400 Kreditgenossenschaften verfügen über kein derartiges Konto. Diese Kreditinstitute haben noch die Möglichkeit, bis zu 50% ihrer Normkontingente auf ihre regionalen Zentralkassen zu übertragen, um sich auf diese Weise über den günstigen Rediskontkredit refinanzieren zu können. Eine 100%tige Kontingentübertragung wird ihnen allerdings durch die Bundesbank verwehrt, so daß sie einen deutlichen Wettbewerbsnachteil hinzunehmen haben.[156]

152 Vgl. Jarchow, 1988, S. 122
153 Vgl. Deutsche Bundesbank, 1989, S. 48
154 Vgl. Geiger, 1989, S. 173
155 Vgl. Issing/Rudolph, 1988, S. 71
156 Vgl. Wagenmann, 1991, S. 96

4.5.2 Die Lombardsatzfixierung als Ursache von Wettbewerbsverzerrungen

Die Lombardpolitik der Bundesbank ist weitgehend wettbewerbsneutral, da der Zugang zum Lombardkredit normalerweise nicht kontingentiert ist. Außerdem stehen den Kreditinstituten lombardfähige Wertpapiere ausreichend zur Verfügung, so daß die Fähigkeit zur Lombardkreditinanspruchnahme bei allen Kreditinstituten in ausreichendem Maße als gegeben angesehen werden kann.[157]

Anders sieht dies aus, wenn der Lombardkredit quantitativ begrenzt wird. In diesen Fällen hat sich die Bundesbank bei der Bestimmung der Obergrenze der Lombardierung an den jeweiligen Rediskontkontingenten orientiert. Die Warnmarken, die die Bundesbank für die Inanspruchnahme von Lombardkrediten erlassen hatte, durften im Tagesdurchschnitt eines Monats etwa 20% des Rediskontkontingents nicht überschreiten. Beim Erlaß der Lombardlinien legte die Bundesbank eine Begrenzung des Lombardkredits in Höhe von 15% der individuellen Normkontingente fest.[158] In beiden Fällen der Lombardkontingentierung setzen sich die aufgezeigten Wettbewerbsverzerrungen der Bestimmung der Individualkontingente bei der Lombardierung fort.[159] Hinzu kommt, daß die Kontingentierung von Lombardkrediten in Phasen hoher Geldmarktzinsen auftritt, so daß die Wettbewerbsnachteile für einzelne Kreditinstitute dann besonders ins Gewicht fallen.

4.6 Wirkungsverzögerungen einer diskretionären Zinspolitik

Diskretionäre Leitzinsänderungen sind mit Wirkungsverzögerungen verbunden. So geht einer Änderung der Leitzinsen ein inside lag voraus, der jene Periode bezeichnet, die zwischen der Notwendigkeit der Leitzinsänderung und ihrer Durchführung liegt. Er beruht auf der Zeit, die vergeht, bis ein Problem erkannt wird, die Entscheidungsträger des Zentralbankrats ihre Entscheidungsfindung abgeschlossen und die Durchführung eingeleitet haben. Dem inside lag folgt der intermediate lag, der zwischen dem Zeitpunkt der Leitzinsänderung und einer spürbaren Wirkung auf das Kreditangebot der Geschäftsbanken liegt. Am Ende einer Leitzinsvariation steht der outside lag, der jene Zeitspanne beschreibt, die vergeht, bis die Leitzinsvariation auf die avisierten Endziele wie Preisniveau oder Beschäftigung einwirkt. Die beschriebenen Wirkungsverzögerungen können dazu führen, daß kurzfristig angesetzte Leitzinsänderungen zu spät zu wirken beginnen

---

157 Vgl. Issing, 1988b, S. 223 f

158 Vgl. Deutsche Bundesbank, 1989, S. 52

159 Issing, 1988b, S. 224

bzw. bereits eine andere Maßnahme oder eine Leitzinsänderung in einem anderen Ausmaß notwendig gewesen wäre.[160] In diesem Fall wirkt sich die Zinspolitik nicht positiv, sondern unter Umständen sogar destabilisierend aus.

4.7 Politischer Druck als Gefahrenquelle für eine unabhängige Zinspolitik

Die Entscheidungsträger der Bundesbank sehen sich häufig politischem Druck ausgesetzt, wenn sie über die Festlegung von Diskont- und Lombardsatz entscheiden wollen. So hat z.B. am 22. Januar 1987 der damalige Bundesbankpräsident Pöhl eine Senkung des Diskont- und Lombardsatzes mit den Worten kommentiert, es werde in dem politisch aufgeheizten Umfeld immer schwieriger, sachgerechte Entscheidungen zu treffen.[161]

Der politische Druck beruht in erster Linie auf gruppenspezifischen Interessenlagen bei Politikern und Institutionen wie Gewerkschaften und Arbeitgeberverbänden. All diese Gruppen profitieren von einem möglichst guten Konjunkturverlauf; die Politiker, weil sich ihre Wahlchancen erhöhen; die Gewerkschaften, weil die Verteilungsspielräume zunehmen; die Arbeitgeberverbände, weil sich die Gewinnsituation der Unternehmen verbessert. Die negativen Folgen einer höheren Inflation werden dagegen erst langfristig spürbar.
Eine Rolle mag auch spielen, daß die Vorstellungen in der Öffentlichkeit über die Bedeutung von Leitzinsen für die wirtschaftliche Entwicklung nicht selten überzogen sind.[162] Übersehen wird, daß das Zinsniveau auf dem für Investitionen bedeutsamen Kapitalmarkt außer von den Geldmarktzinsen noch von einer Reihe anderer Faktoren abhängt.[163] Außerdem ist die Investitionstätigkeit ihrerseits nicht allein zinsabhängig, sondern wird auch stark von der Gewinnerwartung der Investoren und damit von der gesamtwirtschaftlichen Nachfrageentwicklung beeinflußt.[164] Nur wenn mit einer Leitzinserhöhung auch eine einschneidende Veränderung des geldpolitischen Kurses einhergeht, hat diese tatsächlich die ihr beigemessene große Bedeutung für die Gesamtwirtschaft. Insofern werden besonders die rein technischen Leitzinsanpassungen der Bundesbank von der Öffentlichkeit häufig überschätzt.

Dieser Sachverhalt führt dazu, daß die Bundesbank beinahe bei jeder Leitzinsanhebung von den genannten Gruppen kritisiert wird, sie nehme zu wenig Rücksicht

160 Vgl. Woll/Müller, 1972, S. 197 f und Solow, 1963, S. 2 f
161 Vgl. FAZ vom 23. Januar 1987, S. 13
162 Vgl. Issing/Rudolph, 1988, S. 109
163 Vgl. Abschnitt 5.3.1
164 Vgl. Oberhauser, 1977, S. 225

auf den Konjunkturverlauf. Dieser Druck trägt dazu bei, die geldpolitische Flexibilität der Bundesbank einzuengen.

Politischer Druck für die Bundesbank entsteht auch auf internationaler Ebene aufgrund der bedeutenden Rolle, die die D-Mark auf den Devisenmärkten und hier insbesondere im EWS inne hat. Nationale Regierungen, Zentralbanken und supranationale Organisationen wie die EG oder die OECD fordern von der Bundesbank, die Leitzinsen in Deutschland müßten gesenkt werden. Neben wechselkurspolitischen Überlegungen spielen hierbei wiederum auch konjunkturelle Gründe eine Rolle, weil das deutsche Zinsniveau auf die Finanzmärkte im Ausland ausstrahlt und von einer guten Konjunktur in Deutschland auch positive Impulse für die Weltwirtschaft ausgehen. In bezug auf die Wechselkurse wurde dieses Problem besonders deutlich, als die Bundesbank im Juli 1992 ihren Diskontsatz anhob und es zu Turbulenzen innerhalb des EWS kam. Die Bundesbank sah sich heftiger internationaler Kritik ausgesetzt und der politische Druck, die Leitzinsen wieder zu senken, stieg stark an. Diese internationalen Spannungen trugen dazu bei, daß die Bundesbank die Leitzinsen wieder senkte.[165]

In den hier skizzierten Fällen ist nicht auszuschließen, daß die Bundesbank in ihren Entscheidungsprozeß auch politische Überlegungen einfließen läßt. Kurzfristige konjunkturelle oder auch wechselkurspolitische Ziele könnten dann verstärkt an Einfluß gewinnen, und zwar auf Kosten der Preisniveaustabilität. Von jenen Autoren, die um die Preisniveaustabilität besorgt sind, ist deshalb überlegt worden, die diskretionäre Zinspolitik abzuschaffen, die am häufigsten Anlaß für politischen Druck war. Sie sollte durch ein Instrumentarium ersetzt werden, das weniger im Blickpunkt der Öffentlichkeit steht.[166]

---

165 Vgl. Financial Times vom 14. September, 1992, S. 1 und Krüger, 1992, S. 519

166 Vgl. Issing/Rudolph, 1988, S. 109

5. DIE FLEXIBILISIERUNG DER LEITZINSEN ALS LÖSUNGSVORSCHLAG

Um die aufgezeigten Mängel einer diskretionären Fixierung der Leitzinsen zu beseitigen, werden von den Kritikern des Refinanzierungsmechanismus zwei Vorschläge gemacht: Der Rediskont- und Lombardkredit sollten abgeschafft werden und die Steuerung der Geldmenge nur durch die Offenmarktpolitik erfolgen. Alternativ könnten auch die Leitzinsen flexibilisiert werden, was den Vorteil hätte, daß den Kreditinstituten bei Liquiditätsengpässen weiterhin Zentralbankkredite offen stünden. Dies wäre im gesamtwirtschaftlichen Interesse, denn der Zugang zum Zentralbankkredit als im Notfall letzte Liquiditätsquelle schützt das Geld- und Bankensystem vor der Gefahr einer Liquiditätskrise.[167]

5.1 Die Flexibilisierung des Diskontsatzes ?

In der Bundesrepublik wurde die Möglichkeit, den Diskontsatz zu flexibilisieren, kaum diskutiert. Dies liegt einmal daran, daß die zusätzliche Zentralbankgeldschöpfung, die sich aus der diskretionären Fixierung des Diskontsatzes ergibt, eng begrenzt ist. Aufgrund des von der Bundesbank funktionsbedingt niedrig fixierten Diskontsatzes nutzen die Kreditinstitute ihre Rediskontkontingente weitgehend aus. Eine Ausnutzungsquote von bis zu 95 % ist seit Mitte der 80er Jahre die Regel.[168] Die zusätzliche Zentralbankgeldschöpfung durch Rediskontkredite beläuft sich lediglich auf das relativ geringe Volumen von Rediskontierungsspielräumen, die sich die Kreditinstitute aus taktischen Gründen offenlassen. Taktisch bedingte Rediskontierungsspielräume sind oft dann zu beobachten, wenn die Kreditinstitute sich gegen mögliche Zinssteigerungen am Geldmarkt absichern wollen.

---

167 Vgl. Friedman, 1959, S. 44 und Issing/Rudolph, 1988, S. 110
168 Vgl. Thomas, 1988, S. 117

Abbildung5: Die Ausnutzung der Rediskontkontingente zwischen 1990 und 1992

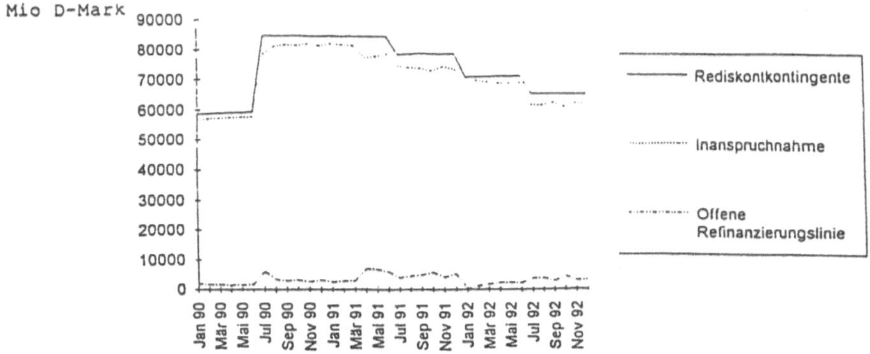

Rediskontkontingente einschließlich der Sonderrediskontlinie zur Finanzierung von Exportaufträgen. Von Juli 1990 bis Oktober 1992 einschließlich der für die ostdeutschen Kreditinstitute festgesetzten Rediskontkontingente.

Quelle: Ursprungsdaten aus den Monats- und Geschäftsberichten der Deutschen Bundesbank für den untersuchten Zeitraum.

Hinzu kommt, daß die Flexibilisierung des Diskontsatzes die Rolle des Rediskontkredits als langfristiges Refinanzierungsinstrument in Frage stellen würde, wie sie in der instrumentellen Konzeption der Bundesbank vorgesehen ist.[169] Die Rediskontierung von Wechseln würde starken Schwankungen unterliegen, wenn sich die Refinanzierungskosten von Rediskontkrediten laufend verändern.[170] Deshalb wäre zu erwarten, daß sich der Rediskontkredit im Zuge einer Flexibilisierung des Diskontsatzes für die Kreditinstitute zu einem kurzfristigeren Refinanzierungskredit wandelte.

169 Vgl. Deutsche Bundesbank, 1987, S. 45
170 Vgl. Polakoff, 1963, S. 201

Von einigen Autoren wird dennoch gefordert, der Diskontsatz müsse frei beweglich sein, wenn es zu einer Flexibilisierung des Lombardsatzes kommen sollte. Ansonsten bestünde die Gefahr, daß aufgrund der Lombardsatzschwankungen der Abstand zwischen dem Lombard- und Diskontsatz zu groß, zu klein oder gar negativ werden würde und deshalb die Rediskontkreditinanspruchnahme in den Sog des Lombardsatzes geraten könnte.[171] Eine solche Sogwirkung ist jedoch recht unwahrscheinlich.

Im Normalfall, in dem der Rediskontkredit die günstigste Refinanzierungsquelle für die Kreditinstitute ist, werden die Rediskontkontingente immer weitgehend ausgeschöpft sein, so daß ein ansteigender Lombardsatz keine Sogwirkung auslösen kann. Allerdings würde der Subventionscharakter des Rediskontkredits in einer solchen Situation zunehmen.[172] Falls der Lombardsatz zusammen mit seinem Referenzzins sinken sollte, ist aufgrund der bestehenden Zinsstruktur am Geldmarkt ein Abrutschen unter den Diskontsatz unwahrscheinlich. Der Tagesgeldzins und die Pensionssätze als mögliche Referenzzinssätze des Lombardsatzes[173] bewegten sich bisher immer im Band zwischen Diskont- und Lombardsatz.[174] Dies liegt daran, daß die Bundesbank noch eine Reihe von liquiditäts- und auch zinspolitischen Instrumenten wie etwa den Abgabesatz für Schatzwechsel zur Verfügung hat, um sowohl den Tagesgeldzins als auch die Pensionssätze in der gewünschten Bandbreite zu halten. Bei Mengentendern kann die Bundesbank den Pensionssatz ohnehin autonom fixieren.

Die Gefahr, daß der Lombardsatz unter den Diskontsatz rutscht und eine Umschichtung der Refinanzierung vom Rediskont- in den Lombardkredit erfolgt, ist deshalb als gering einzustufen. Die Flexibilisierung des Diskontsatzes ist demnach nicht notwendig, um den Lombardsatz von seiner administrativen Bindung lösen zu können, und nicht wünschenswert, falls die Rolle des Rediskontkredits als längerfristiges Refinanzierungsinstrument in der instrumentellen Konzeption der Bundesbank erhalten werden soll.

---

171 Vgl. Schröder, 1991, S. 97

172 Im Februar 1991 beispielsweise begründete die Bundesbank eine Anhebung des Diskontsatzes damit, daß der Abstand zum ebenfalls heraufgesetzten Lombardsatz nicht zu groß werden dürfte, um den Subventionscharakter des Diskontsatzes nicht noch weiter zu erhöhen. Vgl. Monatsbericht der Deutschen Bundesbank für Februar 1991, S. 9. Demnach scheint die Bundesbank die Preisdifferenz des Rediskontkredits zu alternativen Refinanzierungsmöglichkeiten aus wettbewerbspolitischen Gründen nicht zu groß werden lassen zu wollen. Liquiditätspolitisch hat diese Preisdifferenz - wie aufgezeigt - jedenfalls nur eine geringe Bedeutung.

173 Vgl. Abschnitt 5.2.1

174 Vgl. Deutsche Bundesbank, 1989, S. 56

5.2 Die Flexibilisierung des Lombardsatzes

Wegen der recht konstanten und vorhersehbaren Liquiditätswirkung des Rediskontkredits und seiner Funktion als langfristiges Refinanzierungsinstrument konzentriert sich die Diskussion über die Flexibilisierung von Zentralbankzinsen in Deutschland auf den Lombardsatz. Es wurden unterschiedliche Referenzzinsen für einen flexiblen Lombardsatz vorgeschlagen, so daß eine Untersuchung zur Flexibilisierung des Lombardsatzes nach dem jeweiligen Referenzzins differenzieren muß. Dies soll in den nächsten Abschnitten dieses Kapitels geschehen.
Im Mittelpunkt stehen dabei folgende Fragen:
1. Inwieweit ist die jeweilige Flexibilisierung des Lombardsatzes geeignet, um die in Kapitel 4 aufgezeigten Mängel der administrativen Leitzinsfixierung zu beseitigen ?
2. Welche technischen Probleme können entstehen, wenn der jeweilige Flexibilisierungsvorschlag verwirklicht wird ?
3. Welche neuen Möglichkeiten und Probleme ergeben sich aus der jeweiligen Flexibilisierung für die Liquiditäts- und Zinspolitik der Bundesbank ?
4. Welche Sekundärwirkungen ergeben sich aus der jeweiligen Flexibilisierung für andere monetäre Bereiche ?

5.2.1 Zwei Flexibilisierungsvorschläge für den Lombardsatz

Für die Flexibilisierung des Lombardsatzes sind zwei Vorschläge gemacht worden: Die Bindung des Lombardsatzes an einen Pensionssatz für Wertpapierpensionsgeschäfte oder an den Tagesgeldzins.
Wird der Wertpapierpensionssatz als Referenzzins ausgewählt, so muß der Lombardsatz im Falle eines Zinstenders an den marginalen Zuteilungssatz und im Falle eines Mengentenders an den Festzinssatz gekoppelt werden.[175] Falls dagegen dem Tagesgeldzins als Referenzzins der Vorzug gegeben wird, ist folgende Regelung vorgeschlagen worden: Der Mittelwert der Tagesgeldsätze, die an den zwei vorangegangenen Tagen am Geldmarkt zustande kamen, soll als Basis für die tägliche Fixierung des Lombardsatzes herangezogen werden.

Grundlage für die Auswahl dieser beiden Referenzzinse war einmal ihre Marktbestimmtheit und zum zweiten die enge Verbindung des Marktes, auf den sich der jeweilige Referenzzins bezieht, zum Lombardkredit.

---

175 Vgl. Commerzbank-Studie, 1991, S. 2 f

Die Marktbestimmtheit ist bei einer Kopplung des Lombardsatzes an den Tagesgeldzins am größten. Deshalb wird der Tagesgeldzins als Referenzzins von jenen bevorzugt, die die Zinsbildung am Geldmarkt den Marktkräften überlassen wollen.[176] Die Befürworter der Kopplung des Lombardsatzes an einen Wertpapierpensionssatz wollen dagegen den zinspolitischen Einfluß der Bundesbank nicht soweit zurückgedrängt sehen. Sie argumentieren, daß die Bundesbank ihren Einfluß je nach Ausgestaltung des Wertpapierpensionsgeschäftes bestimmen kann.[177] Im Falle von Zinstendern wird die Höhe des Pensionssatzes durch die Zinsgebote der Kreditinstitute bestimmt, wobei die Bundesbank aber durch die Fixierung des Mindestbietungssatzes und durch die Höhe des Ausschreibungsvolumens einen gewissenssen Einfluß auf den Pensions- und den Lombardsatz beibehält. Führt die Bundesbank Wertpapierpensionsgeschäfte als Mengentender durch, so kann sie den Pensionssatz und damit indirekt auch den Lombardsatz fixieren; die Marktkräfte sind in diesem Fall weitgehend ausgeschaltet, sofern man davon absieht, daß die Bundesbank bei ihren zinspolitischen Maßnahmen natürlich die allgemeine Marktentwicklung zu berücksichtigen hat.

Der Tagesgeldzins ist auch deshalb als Referenzzins gewählt worden, weil der Markt für Tagesgeld die engste Substitutionsbeziehung zum Lombardkredit aufweist. Auf dem Tagesgeldmarkt refinanzieren sich die Kreditinstitute, ähnlich wie dies für den Lombardkredit vorgesehen ist, wenn ein kurzfristiger Liquiditätsbedarf auftritt. Daher gibt es keinen anderen Marktzins, der eine größere Bedeutung für die Lombardrefinanzierung der Kreditinstitute aufweist als der Tagesgeldzins. Der Pensionssatz als administrativer Zinssatz weist insofern eine enge Verbindung zum Lombardkredit auf, als die Kreditinstitute ihren kurzfristigen Refinanzierungsbedarf, der über das Volumen an ausgeschriebenen Wertpapierpensionsgeschäften hinausgeht, über den Lombardkredit zu decken versuchen. Zwischen beiden Zentralbankkrediten besteht ihrer Funktionen eine komplementäre Beziehung.[178] Diese Komplementarität ist aber nur solange gegeben, wie eine positive Differenz zwischen dem Lombard- und Pensionssatz besteht. Deshalb ist es im Interesse der Bundesbank, einen gewissen Abstand zwischen beiden Zentralbankzinsen aufrechtzuerhalten, was durch die Kopplung des Lombardsatzes an einen Pensionssatz möglich ist.[179]

---

176 Vgl. Jones, 1971, S. 29

177 Vgl. Schröder, 1991, S. 94

178 Kapitel 3

179 Vgl. dazu Abschnitt 5.2.2

Sofern der Lombardsatz als Strafzins fungieren soll, ist bei seiner Flexibilisierung die Höhe des Zuschlagssatzes zu bestimmen. Dabei ist darauf zu achten, daß der Zuschlagssatz nicht zu hoch ausfällt, damit der Lombardkredit nicht zu viel von seiner Funktion als lender of last resort verliert. Dies ist dann der Fall, wenn die mit ihm verbundenen Zinskosten so hoch werden, daß er erst bei größeren Zins ausschlägen am Geldmarkt als Refinanzierungsquelle für die Kreditinstitute in Frage kommt. Dies könnte zu Verunsicherungen im monetären System der Bundesrepublik führen. Auf der anderen Seite sollte der Zuschlagssatz auch nicht zu niedrig sein, denn sonst besteht die Gefahr, daß der Lombardkredit trotz einer Flexibilisierung in zu hohem Maße in Anspruch genommen wird.[180]
Die optimale Höhe des Zuschlagssatzes läßt sich erst durch praktische Erfahrungen ermitteln. In der aktuellen Diskussion wurde für beide Referenzzinssätze ein Zuschlagssatz in Höhe von 0,5 % genannt. In der Schweiz, wo der Lombardsatz seit 1989 an einen Tagesgeldzins gekoppelt ist, hat die Nationalbank schon nach einigen Monaten eine Erhöhung des Zuschlagssatzes von 0,5 auf 2 % vorgenommen.[181]

5.2.2 Auswirkungen auf die Zinsstruktur am Geldmarkt

Die beiden Reformvorschläge verändern in recht unterschiedlicher Weise die Fähigkeit der Bundesbank, die Zinsen am Geldmarkt zu steuern.

Im bisherigen System macht die Bundesbank den Lombardkredit funktionsbedingt zum teuersten Refinanzierungskredit und beläßt ihn kontingentfrei, wodurch der Lombardsatz zur Zinsobergrenze am Geldmarkt wird. Zusammen mit dem Einsatz von Wertpapierpensionsgeschäften und den Abgabesätzen für Schatzwechsel als Zinsuntergrenze gelingt es der Bundesbank, ein Band zu schaffen, innerhalb dessen die Schwankungen des Tagesgeldzinses begrenzt sind. Auf diese Weise ist es der Bundesbank möglich, durch Verschiebungen dieses Zinsbandes das Zinsniveau am Geldmarkt recht präzise zu steuern.[182]

---

180 Vgl. Issing/Rudolph, 1988, S. 111 und Modigliani, 1971, S. 62
181 Vgl. 82. Geschäftsbericht der Schweizer Nationalbank, 1989, S. 10
182 Vgl. Abschnitt 3.3.2

5.2.2.1 Die Zinsstruktur bei einer Kopplung des Lombardsatzes an den Pensionssatz

Als erstes soll die Zinsstruktur untersucht werden, die sich bei einer Bindung des Lombardsatzes an den Pensionssatz ergibt. Bei einem Liquiditätsbedarf der Kreditinstitute mit weitgehend ausgeschöpften Rediskontkontingenten wird zunächst der jeweilige Pensionssatz für Wertpapierpensionsgeschäfte zur Zinsobergrenze. Am Geldmarkt kommt es im Falle einer Liquiditätsnachfrage von N1 zu einem Gleichgewicht von G1 am Geldmarkt. Die Kreditinstitute nehmen Rediskontkredite und Wertpapierpensionsgeschäfte in Höhe von 0-B in Anspruch.
Wird das von der Bundesbank ausgeschriebene Volumen an Wertpapierpensionsgeschäften von den Kreditinstituten überzeichnet, so steigt der Tagesgeldzins über das Niveau des Pensionssatzes hinaus bis maximal zum Lombardsatz an, der in Höhe des gewählten Zuschlagssatzes über dem Pensionssatz liegt. Es ergibt sich ein Gleichgewicht von G2 am Geldmarkt. Die Kreditinstitute refinanzieren sich in Höhe von B-C über Lombardkredite. Ein weiteres Ansteigen des Tagesgeldzinses über den Lombardsatz hinaus ist nicht möglich. Im Normalfall sind die Kreditinstitute nicht bereit, sich Liquidität auf dem Geldmarkt zu besorgen, wenn sie dafür einen höheren Tagesgeldzins als den Lombardsatz zu zahlen hätten.
Die Zinssätze für Monats- und Dreimonatsgeld können dagegen den Lombardsatz laufzeitbedingt etwas überschreiten.[183]

183 Vgl. Köhler, 1977, S. 166

Abbildung6: Die Zinsstruktur am Geldmarkt nach Einführung des an einen Pensionssatz gekoppelten Lombardsatzes

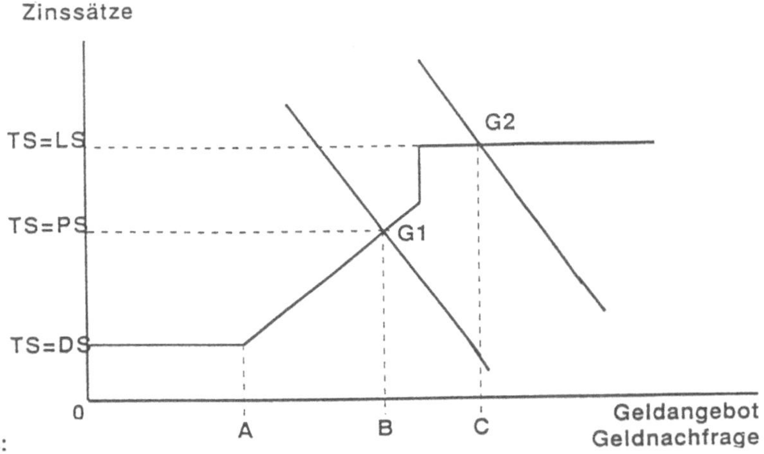

Legende:

LS = Lombardsatz
TS = Tagesgeldsatz
PS = Pensionssatz
DS = Diskontsatz
Ni = Liquiditätsnachfragefunktion der Kreditinstitute
Gi = Gleichgewicht am Geldmarkt

Die Zinsobergrenze ist in diesem Fall aber nicht stabil. Es kann zu Aufschaukelungsprozessen zwischen Pensionssatz, Lombardsatz und Tagesgeldzins kommen, sofern es sich bei den Wertpapierpensionsgeschäften um Zinstender handelt. In Phasen knapper Liquidität orientieren sich die Geldmarktzinsen am höheren Lombardsatz und nicht am Pensionssatz. Die Kreditinstitute werden beim Abschluß neuer Wertpapierpensionsgeschäfte bereit sein, einen höheren Bietungssatz abzugeben, solange dieser noch unter dem Niveau des Tagesgeldzinses bzw. des Lombardsatzes liegt. Der Druck auf die Bietungssätze wird zusätzlich verstärkt, wenn die Kreditinstitute mit weiter ansteigenden Geldmarktzinsen rechnen; denn die bereits abgeschlossenen Wertpapierpensionsgeschäfte gelten für ein bis zwei Monate zu einem festen Zins. Auf diese Weise kann es zu einem Anstieg des Pensionssatzes kommen, der wiederum zu einem höheren Lombardsatz führt,

was sich entsprechend auf die Tagesgeldzinsen auswirkt. Ein erneutes Ansteigen der Bietungssätze wäre die Folge usw..[184]
Das Ausmaß dieser Aufschaukelungsprozesse ist jedoch begrenzt. Die Kopplung des Lombardsatzes an einen Pensionssatz garantiert den Kreditinstituten bis zum nächsten Abschluß von Wertpapierpensionsgeschäften eine feste Zinsobergrenze am Geldmarkt. Dies dürfte die Kreditinstitute zu einem moderateren Bietungsverhalten veranlassen. Außerdem hat die Bundesbank jederzeit die Möglichkeit, die Wertpapierpensionsgeschäfte als Mengentender auszuschreiben, wodurch die Höhe des Lombardsatzes allein in ihrem Ermessen liegen würde.

Von Vorteil für die zinspolitische Feinsteuerung ist der feste Zuschlagssatz zwischen dem Lombard- und Pensionssatz. Im bisherigen System pendeln sich bei einem angespannten Geldmarkt nicht nur der Tagesgeldzins, sondern auch die Pensionssätze auf Höhe des Lombardsatzes ein.[185] Die Bundesbank besitzt in einer solchen Situation faktisch keinen Spielraum mehr für ihre zinspolitische Feinsteuerung. Dieses Problem würde durch die Kopplung des Lombardsatzes an einen Pensionssatz automatisch gelöst, denn Pensionssatz und Lombardsatz wären in jedem Fall durch den Zuschlagssatz getrennt.

5.2.2.2 Die Zinsstruktur bei einer Kopplung des Lombardsatzes an den Tagesgeldzins

Ein anderes Bild ergibt sich, wenn der Lombardsatz an den Tagesgeldzins gebunden wird. Zunächst bilden wiederum der Diskontsatz und der Pensionssatz für Wertpapierpensionsgeschäfte die Zinsobergrenze am Geldmarkt. Weist der Geldmarkt eine Liquiditätsnachfragefunktion von N1 auf, so ergibt wiederum sich ein Gleichgewicht am Punkt G1. Bei einem Liquiditätsbedarf der Kreditinstitute, der über das Volumen an angebotenen Wertpapierpensionsgeschäften hinausgeht, löst sich der Tagesgeldzins vom Pensionssatz, ohne daß er zunächst auf eine Zinsobergrenze trifft, da der Lombardsatz im gleichen Abstand wie der Tagesgeldzins ansteigt. Für die Kreditinstitute besteht in dieser Situation kein Anreiz, sich über Lombardkredite zu refinanzieren. Es ist für sie günstiger, sich das benötigte Zentralbankgeld auf dem Geldmarkt zu beschaffen. Die ausbleibende Lombardrefinanzierung würde den Tagesgeldzins immer weiter ansteigen lassen, bis das Zinsniveau eine prohibitive Höhe erreicht hat. Ein neues Gleichgewicht auf dem Geldmarkt könnte sich beispielsweise erst bei G3 einpendeln mit einem entsprechend hohen Zinsniveau. Diese Zinssteigerungen werden noch dadurch verschärft, daß mit der Marktbindung nicht nur die feste Zinsobergrenze weggefallen

---

184 Vgl. Schröder, 1991, S. 96
185 Vgl. Monatsbericht der Deutschen Bundesbank für Januar 1991, S. 9

ist, sondern sich auch die Zinselastizität des Geldangebots verringert hat.
Allerdings wäre zu erwarten, daß die Kreditinstitute sich in spekulativer Absicht auf Vorrat über den Lombardkredit refinanzieren werden, falls sie den Zinsanstieg als länger anhaltenden Trend einschätzen. Sie können auf diese Weise hoffen, einen erwarteten weiteren Anstieg ihrer Refinanzierungskosten für die Dauer der Lombardkredite von bis zu drei Monaten zu vermeiden, obwohl der Lombardkredit zunächst einmal teurer als äquivalente Geldmarktkredite ist. Dies wäre bei dem Gleichgewichtspunkt 2 der Fall, wo die Kreditinstitute Lombardkredite in Höhe von C-D nachfragen. Ab wann und in welchem Ausmaß diese Lombardrefinanzierung einsetzt, ist für niemanden vorhersehbar; sie hängt vom Verhalten der Kreditinstitute ab, das je nach der Konstellation des Geldmarktes und der damit einhergehenden Erwartungsbildung der Kreditinstitute sehr unterschiedlich ausfallen kann.

Abbildung7: Die Zinsstruktur am Geldmarkt nach Einführung des an einen Tagesgeldzins gekoppelten Lombardsatzes

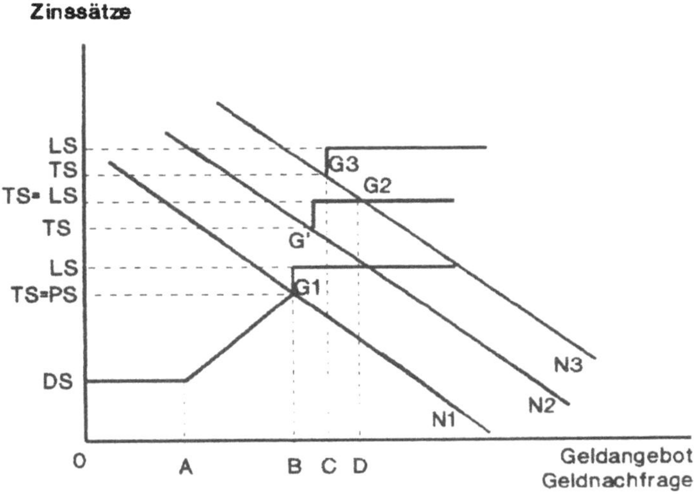

Legende:

LS = Lombardsatz
TS = Tagesgeldsatz
PS = Pensionssatz
DS = Diskontsatz
Ni = Liquiditätsnachfragefunktion der Kreditinstitute
Gi = Gleich gewicht am Geldmarkt
G' = transitorisches Gleichgewicht

Bei der Kopplung des Lombardsatzes an einen Marktzins verliert der Lombardsatz demnach seine Rolle als Zinsobergrenze am Geldmarkt und bewegt sich gleichlaufend mit dem Tagesgeldzins.[186] Eine präzise Geldmarktsteuerung innerhalb von der Bundesbank determinierter Bandbreiten ist nicht mehr möglich, zumal es zu Aufschaukelungsprozessen zwischen dem Lombardsatz und dem Tagesgeldzins kommen kann. Diese Aufschaukelungsprozesse beruhen auf folgendem Zusammenhang: Ein nachfrageinduzierter Anstieg der Tagesgeldzinsen führte zu einem gleich hohen Anstieg des Lombardsatzes. Da sich in Phasen knapper Liquidität der Tagesgeldzins am Lombardsatz orientiert,[187] steigt wieder der Tagesgeldzins an, was zu einem erneuten Anstieg des Lombardsatzes führt usw..[188] Die Aufschaukelungsprozesse stoßen bis zum Erreichen der spekulativen Zinsobergrenze auf keinen Widerstand. Ihre Dynamik läßt erst dann nach, wenn die Kreditinstitute beginnen, Lombardkredite auf Vorrat in Anspruch zu nehmen. Zu beachten ist, daß mit der Höhe des für den Lombardsatz gewählten Zuschlagssatzes die Dynamik dieser Aufschaukelungsprozesse zunimmt, da die Sprünge zwischen den beiden Zinssätzen größer werden.
Positiv an diesen Aufschaukelungsprozessen ist, daß sie es der Bundesbank ermöglichen, Zinsänderungen schneller herbeizuführen. Ihre zinspolitische Flexiblität wird dadurch erhöht.

Die Bundesbank kann die skizzierten Zinsanstiege bei beiden Flexibilisierungsvorschlägen durchbrechen, indem sie das Volumen ihrer Wertpapierpensionsgeschäfte ausweitet. Dadurch würde sich der Tagesgeldzins wieder am Pensionssatz orientieren.[189] Allerdings könnte diese Maßnahme zu Liquiditätswirkungen führen, die von der Bundesbank als unerwünscht angesehen werden. In diesem Fall müßte die Bundesbank bei der Marktbindung des Lombardsatzes zwischen Zinsschwankungen und Liquiditätswirkungen abwägen,[190] während sie bei der Pensionssatzkopplung nur einen Mengentender anzubieten braucht.

Zusammenfassend läßt sich über die Einführung der Marktbindung des Lombardsatzes sagen, daß die Bundesbank in Restriktionsphasen einen Teil ihrer Zinsführerschaft am Geldmarkt verlieren würde. Es fiele ihr schwerer, die Kreditnachfrage zu steuern, ohne mögliche Überreaktionen auf den Geld- und Kreditmärkten

---

186 siehe die Graphik zur Zinsstruktur bei Marktkopplung des Lombardsatzes im Abschnitt 5.2.2
187 Vgl. Abschnitt 3.3.2
188 Vgl. Rhode, 1991, S. 10
189 Vgl. Bisani, 1987, S. 109 f
190 Vgl. Abschnitt 5.2.6.4

zu riskieren. Dieser Nachteil dürfte auch nicht dadurch aufgewogen werden, daß es die Bundesbank aufgrund der Aufschaukelungsprozesse leichter hätte, Zinsänderungen am Geldmarkt rasch herbeizuführen.

Die Bindung des Lombardsatzes an den Pensionssatz gefährdetete dagegen nicht die Zinsführerschaft der Bundesbank am Geldmarkt. Zwar sind Aufschaukelungsprozesse zwischen Lombardsatz, Tagesgeldzins und Pensionssatz und damit eine gewisse Zunahme der Zinsvolatilität nicht ausgeschlossen, die die Bundesbank aber jederzeit unter Kontrolle bringen kann. Zudem verbesserten sich wegen der festen Differenz des Lombardsatzes zu den Pensionssätzen die Möglichkeiten für die zinspolitische Feinsteuerung.
Zumindest aus zinspolitischer Sicht ist deshalb die Kopplung des Lombardsatzes an den Pensionssatz im Gegensatz zur Marktbindung positiv zu beurteilen.

5.2.3 Auswirkungen der Flexibilisierungsvorschläge auf die Ventilfunktion des Lombardkredits

Sofern der Lombardkredit nicht kontingentiert ist, bietet er den Kreditinstituten zur Zeit die Gewißheit, im Falle unerwarteter Liquiditätsbedarfe auf eine Liquiditätsreserve zurückgreifen zu können. Diese lender of last resort-Funktion des Lombardkredits trägt wesentlich zur Stabilität des Geschäftsbankensystems bei. Darüber hinaus ist in der geldpolitischen Konzeption der Bundesbank implizit eine gewisse Elastizität in der Versorgung mit Zentralbankgeld vorgesehen, die u.a. durch den Lombardkredit gewährleistet wird. So wäre die Zinspolitik mit einem eher unelastischen Geldangebot kaum durchführbar, da die Bundesbank Schwierigkeiten bekäme, die Geldmarktzinsen in der gewünschten Bandbreite zu halten. Aus diesen Gründen ist zu überprüfen, inwieweit die Ventilfunktion des Lombardkredits durch die beiden Flexibilisierungsvorschläge betroffen sein könnte.

Im Fall, daß der Lombardsatz an einen Pensionssatz für Wertpapierpensionsgeschäfte gekoppelt wird, kommt es zu keiner Beeinträchtigung der Reservefunktion, sofern der Zuschlagssatz für den Lombardkredit nicht zu hoch ausfällt. Wenn bei unerwarteten Liquiditätsengpässen der Tagesgeldzins bis auf den um den Zuschlagssatz höheren Lombardsatz ansteigt, wird der Lombardkredit zur Liquiditätsreserve für die Kreditinstitute und der Lombardsatz zur Zinsobergrenze auf dem Tagesgeldmarkt. Der Lombardkredit bleibt für die Kreditinstitute ein Notventil am Geldmarkt und begrenzt gleichzeitig die Refinanzierungskosten des Spitzenbedarfes auf ein überschaubares Maß. Die Elastizität in der Zentralbankgeldversorgung wird nicht wesentlich reduziert.

Koppelt man den Lombardsatz über einen festen Zuschlagssatz an den Tagesgeldzins, steigen in Phasen knapper Liquidität der Tagesgeldzins und der Lombardsatz immer im gleichen Abstand an und zwar unabhängig davon, welches Niveau der Tagesgeldzins erreicht.[191] Folglich besteht zunächst kein Anreiz für die Kreditinstitute, sich auch bei unerwarteten Spitzenbedarfen über die Liquiditätsreserve Lombardkredit zu refinanzieren. Der Lombardkredit büßt seine Funktion als Liquiditätsreserve ein. Es ist jedoch wahrscheinlich, daß die Kreditinstitute in spekulativer Absicht Lombardkredite auf Vorrat beanspruchen werden, um sich gegen einem weiteren Anstieg der Tagesgeldzinsen abzusichern.[192] In einem System mit einem marktgebundenen Lombardsatz könnte daher von einer spekulativen Reservefunktion des Lombardkredits gesprochen werden.

Trotz dieser eingeschränkten Reservefunktion würde durch die Marktbindung des Lombardsatzes die Bedeutung des Lombardkredits als Notventil am Geldmarkt vermindert. Zwar schützt der Lombardkredit die Kreditinstitute auch weiterhin vor einer absoluten Zahlungsunfähigkeit, doch können die möglicherweise rasch ansteigenden Refinanzierungskosten die Kreditinstitute in erhebliche Schwierigkeiten bringen, was bis hin zur Nicht-Erfüllung der Mindestreservepflicht oder zu Kreditstornierungen gegenüber der Kundschaft gehen kann.

5.2.4 Überschußreserven als Ausgleich ?

Das Auftreten stärkerer Zinsschwankungen am Geldmarkt bei einer Marktbindung des Lombardsatzes führt zu einer erhöhten Unsicherheit der Kreditinstitute in bezug auf ihre Refinanzierungskosten. Aus diesem Grund ist es wahrscheinlich, daß die Kreditinstitute in einem solchen geldpolitischen System verstärkt dazu übergehen werden, Überschußreserven oder andere Aktiva zu halten.
Bei diesen Aktiva kann es sich um in- und ausländische Geldmarktpapiere handeln sowie um rediskontierbare Handelswechsel und lombardierbare Wertpapiere. Sofern die Rediskontkontingente ausgeschöpft sind und die Lombardkredite als Refinanzierungsquelle nicht mehr in Frage kommen, sind allein die ausländischen

---

191 Vgl. Abschnitt 5.2.2

192 Die Vorratsrefinanzierung über Lombardkredite war beispielsweise im Januar 1991 zu beobachten, als die Inanspruchnahme von Lombardkrediten aufgrund von Zinssteigerungserwartungen der Kreditinstitute stark anstieg. Vgl. Monatsbericht der Deutschen Bundesbank für Februar 1991, S. 12

Geldmarktpapiere, die in EWS-Währungen gehalten werden, von liquiditätspolitischem Interesse. Nur sie verändern die im gesamten Geschäftsbankensystem verfügbare Liquidität, wenn Bestandsveränderungen dazu führen, daß die Bundesbank und die Zentralbanken der EWS-Länder im Rahmen der bestehenden Interventionsverpflichtungen zu D-Mark-Transaktionen gezwungen werden. Da dies nur sporadisch der Fall ist, soll im Folgenden die Bildung von Überschußreserven im Mittelpunkt stehen. Ihr Aufkommen könnte einen kontinuierlichen Einfluß auf die Zinsvolatilität am Geldmarkt haben.

Entscheidend für die Höhe der Überschußreserven, die die Kreditinstitute bilden würden, ist neben dem Ausmaß der Zinsvolatilität auch das Verhalten der Bundesbank. Setzt die Bundesbank bei starken Zinsanstiegen regelmäßig liquiditätspolitische Ausgleichsmaßnahmen ein, so besteht für die Kreditinstitute ein geringerer Anreiz, Überschußreserven zu bilden. Sie würden die Liquiditätshilfen in ihr Kalkül[193] mit einbeziehen. Verzichtet die Bundesbank darauf, etwa um nicht ihr Geldmengenziel zu gefährden, bildeten die Kreditinstitute aus Vorsichtsgründen in größerem Maße Überschußreserven.

Die erhöhte Bildung von Überschußreserven würde zu einer Stabilisierung der Liquiditätsnachfrage der Kreditinstitute beitragen. Stärkere Zinsschwankungen am Geldmarkt glätteten sich, da die Kreditinstitute bei einem plötzlich auftretenden Spitzenbedarf weniger auf den Geldmarkt als Refinanzierungsquelle angewiesen wären. Zu beachten ist aber, daß es für die Kreditinstitute wenig lukrativ wäre, hohe Bestände an Überschußreserven zu halten. Im Gegensatz zu alternativen Verwendungsmöglichkeiten liquider Mittel, wie etwa der Kreditvergabe, sind mit Überschußreserven keine Zinsen zu erwirtschaften. Die Kreditinstitute trachten deshalb bei ihrer Liquiditätsplanung danach, sie auf das unvermeidbare Mindestmaß zu beschränken. Aus diesem Grund ist es unwahrscheinlich, daß das mögliche Aufkommen vermehrter Überschußreserven einen ausreichenden Ersatz für die eingeschränkte Funktion des Lombardkredits als Notventil am Geldmarkt darstellen würde. Bei länger anhaltender Liquiditätsknappheit am Geldmarkt wäre weiterhin mit einem, wenn auch etwas verminderten, Anziehen der Tagesgeldzinsen zu rechnen.

---

193 Wenn die zusätzlichen Kosten der gelegentlichen Inanspruchnahme von Lombardkrediten die durchschnittlichen Zinserträge von Geldmarktpapieren im Zeitablauf übersteigen, werden die Kreditinstitute verstärkt Überschußreserven bilden. Die periodischen Kosten der Lombardkredite erhöhen sich dabei mit der Zunahme der Zinsvolatilität.

Bei der Pensionssatzkopplung des Lombardsatzes ist mit keinem größeren Aufkommen von Überschußreserven zu rechnen. Aufgrund der erwartungsgemäß nur moderaten Zunahme der Zinsschwankungen ist das Kostenrisko der Refinanzierung für die Kreditinstitute geringer. Der Anreiz, Überschußreserven zu bilden, ist daher für sie nicht viel größer als im bestehenden Refinanzierungssystem.

5.2.5 Veränderungen bei den Signalwirkungen

Die Signalwirkungen einer Leitzinsvariation beruhen darauf, daß sie von der Öffentlichkeit als Hinweis auf den zukünftigen geldpolitischen Kurs der Bundesbank interpretiert werden. Die Signalwirkungen der Zinspolitik strahlen nicht nur auf den Geldmarkt aus, sondern auch auf die Kredit- und Kapitalmärkte, die Devisenmärkte und den Konjunkturverlauf.

Wie im Kapitel 4.5 dieser Arbeit dargestellt wurde, können die Signalwirkungen einen unterstützenden oder einen den Intentionen der Bundesbank zuwiderlaufenden Einfluß haben. Unabhängig davon, in welche Richtung die Signalwirkungen im Einzelfall gehen, wirken sie verunsichernd und zwar sowohl auf die Bundesbank als auch auf die Öffentlichkeit. Die Bundesbank kann sich bei einer Variation ihrer Leitzinsen nie sicher sein, wie sie von den Akteuren auf den einzelnen Märkten interpretiert wird und in welcher Richtung bzw. in welchem Ausmaß die Signalwirkungen ausfallen. Leitzinsvariationen können deshalb für die Bundesbank mit einem erheblichen geldpolitischen Risiko verbunden sein.
Bei den Marktakteuren besteht Unsicherheit darüber, wie sie die Leitzinsvariation einzuordnen haben; ob im Sinne einer technischen Anpassung oder einer Einleitung eines veränderten geldpolitischen Kurses. Auch Stellungnahmen der Bundesbank können bei dieser Unsicherheit keine Abhilfe schaffen, da die Bundesbank von einer Vielzahl der Martteilnehmer als Monopolist auf der Geldangebotsseite und damit als Gegenspieler mit eigenen Interessen betrachtet wird.[194] Zudem führen Spekulationen über zukünftige Leitzinsänderungen der Bundesbank zu einer Zunahme der Unsicherheit an den Finanz- und Devisenmärkten. Aus diesen Gründen ist es wünschenswert, wenn durch eine Reform des zinspolitischen Instrumentariums die Signalwirkungen vermindert würden.

---

194 Vgl. Issing, 1988a, S. 340

5.2.5.1 Veränderte Signalwirkungen nach Einführung eines marktgebundenen Lombardsatzes

Wenn der Lombardsatz an einen Marktzins gekoppelt wird, fallen die Signalwirkungen einer diskretionären Lombardsatz-Fixierung weg. Veränderungen des Lombardsatzes beruhten zunächst einmal auf Marktkräften, respektive der Liquiditätsnachfrage der Kreditinstitute am Geldmarkt. Auch die Spekulationen über zukünftige Veränderungen des Lombardsatzes durch die Bundesbank würden entfallen. Auf der anderen Seite ist zu berücksichtigen, daß rasche Zinssteigerungen am Geldmarkt Unsicherheiten an den verschiedenen Finanzmärkten schüren, und eine solche Situation auch nicht frei von Spekulationen über den zukünftigen Kurs der Bundesbank bliebe. Schließlich läßt sich auch von einer angespannten Liquiditätslage am Geldmarkt, die nicht durch kompensatorische Maßnahmen von der Bundesbank aufgelöst wird, auf deren geldpolitischen Kurs schließen. In diesem Fall können trotz der Marktbindung des Lombardsatzes starke Signalwirkungen vom Geldmarkt auf die anderen Finanz- und Devisenmärkte ausstrahlen. Es ist daher anzunehmen, daß die Marktbindung des Lombardsatzes in bezug auf die Ungewißheit von Signalwirkungen kaum Vorteile bringen würde.

Außerdem treten die Signalwirkungen bei dem marktgebundenen Lombardsatz erst auf, wenn die Restriktionsphase bereits eingetreten ist. Damit liegt die Anpassungslast einer Verschärfung des geldpolitischen Kurses allein bei den Kreditinstituten, z.B. wenn sie gezwungen werden, Kreditangebote zurückzuziehen. Im bisherigen System werden die Kreditinstitute durch die Anhebung insbesondere des Lombardsatzes auf eine sich anbahnende Restriktionsphase vorbereitet. Die Kreditinstitute haben damit mehr Zeit, sich bei ihrer Liquiditätsplanung darauf vorzubereiten. Diese Frühwarnfunktion wird durch die Marktbindung des Lombardsatzes erheblich reduziert.

5.2.5.2 Veränderte Signalwirkungen nach Einführung eines am Pensionssatz gekopplten Lombardsatzes

Die Kopplung des Lombardsatzes an einen Pensionssatz führte zu einer Verlagerung der Signalwirkungen.
Während der Lombardsatz seine Signalwirkungen verlöre, würde dem Pensionssatz aufgrund seiner gestiegenen Bedeutung für die Zinspolitik der Bundesbank in der Öffentlichkeit mehr Beachtung geschenkt. Allerdings würden diese neuen Signalwirkungen des Pensionssatzes geringer ausfallen als diejenigen der bisherigen Lombardsatzfixierung. Während nämlich der Lombardsatz häufig nur zwei bis dreimal pro Jahr von der Bundesbank variiert wurde, ist dies bei dem Pensionssatz normalerweise wöchentlich der Fall. Deshalb kann auch von der Öffentlichkeit

die Veränderung des Pensionsatzes und indirekt des Lombardsatzes weniger als veränderter geldpolitischer Kurs interpretiert werden. Die Bundesbank legt ihren geldpolitischen Kurs nicht wöchentlich, sondern in größeren Zeiträumen fest, da sie Zeit benötigt, bis sie die Situation an den Geld- und Kreditmärkten ausreichend gut einschätzen kann.
Der unterschiedliche Zeithorizont bei der Variation dieser Notenbankzinsen ist funktionsbedingt. Die Lombard- und Diskontsatzpolitik dient der Bundesbank in ihrer Konzeption zur zinspolitischen Grobsteuerung, wogegen die Wertpapierpensionsgeschäfte hauptsächlich zur geldpolitischen Feinsteuerung eingesetzt werden.[195]

Das Problem, daß sich die Signalwirkungen der diskretionären Lombardsatzfixierung häufig hemmend auf die Zinspolitik der Bundesbank auswirken, könnte daher durch die Kopplung des Lombardsatzes an den Pensionssatz entschärft werden. Auch die Spekulationen über zukünftige Veränderungen des Lombardsatzes würden durch die wöchentliche Festlegungsmöglichkeit an Bedeutung verlieren. Die Bundesbank gewänne an zinspolitischer Flexibilität. Dies gilt auch, wenn es in Phasen eines angespannten Geldmarktes zu einer mehrmaligen Erhöhung des Pensionssatzes kommen sollte. Zwar nehmen in diesem Fall die Signalwirkungen zu, da eine Verschärfung des geldpolitischen Kurses der Bundesbank wahrscheinlich ist. Wegen der häufigen Fixierungen können die Kreditinstitute aber auch wieder mit einer schnelleren Anpassung nach unten rechnen als zur Zeit. Die Signalwirkungen veränderter Zentralbankzinsen dürften deshalb nicht mehr das Ausmaß erreichen wie im gegenwärtigen Refinanzierungssystem.

Zusammenfassend bleibt festzuhalten, daß durch die Kopplung des Lombardsatzes an den Pensionssatz die Signalwirkungen im Vergleich zum System der Lombardsatz-Fixierung abnehmen dürften und die Bundesbank dadurch an zinspolitischer Flexibilität gewänne. Signalwirkungen durch hohe Zinsausschläge wären nicht zu erwarten.
Bei der Marktbindung des Lombardsatzes fielen zwar die unmittelbaren Signalwirkungen der diskretionären Zinspolitik weg, stattdessen könnten aber erhebliche Signalwirkungen auftreten, wenn sich starke Zinsausschläge am Geldmarkt einstellen sollten.

---

195 Vgl. die Abschnitte 3.2.1, 3.2.2, und 3.2.3

5.2.6 Vor- und Nachteile der Flexibilisierungs-vorschläge für die Liquiditätspolitik der Bundesbank

5.2.6.1 Vermeidung längerfristiger "Lombardfallen"

Der Vorteil eines am Tagesgeldzins gekoppelten Lombardsatzes besteht in erster Linie in einer stabileren Zinsdifferenz zwischen dem Lombardsatz und dem Geldmarktzins.[196] Das Problem der "Lombardfalle" wäre auf diese Weise weitgehend gelöst, da die starken Schwankungen der Lombardrefinanzierung, die durch die ständigen Veränderungen der Geldmarktzinsen im Verhältnis zu einem fixierten Lombardsatz entstehen, erheblich geringer ausfallen würden.[197] Dies gilt trotz der Möglichkeit, daß Lombardkredite auf Vorrat nachgefragt werden, da dieses Verhalten der Kreditinstitute erst ab einem relativ hohen Zinsniveau eintreten dürfte. Eine Refinanzierung über Lombardkredite, die über die Deckung unvermeidbarer Spitzenbedarfe hinausgeht, wäre für die Kreditinstitute in diesem Fall nicht lohnend.

Wird stattdessen der Lombardsatz an einen Pensionssatz für Wertpapierpensionsgeschäfte gekoppelt, so hat die Bundesbank durch eine Anhebung des Pensionssatzes die Möglichkeit, die "Lombardfalle" zu beseitigen. Die erhöhten Refinanzierungskosten dürften daraufhin wirken, daß Zentralbankgeld aus Lombardkrediten nicht für die Vergabe von Krediten an Nicht-Banken, sondern nur zur Überbrückung unvorhergesehener Liquiditätsengpässe verwendet wird. Aufgrund der geringeren Signalwirkungen dieses Reformvorschlags und der wöchentlichen Abschlußmöglichkeit von Wertpapierpensionsgeschäften ist die Verschiebung der Zinsobergrenze am Geldmarkt schneller möglich als im bisherigen System der Leitzinsfixierung.[198] Der Bundesbank fiele es leichter, eine hohe Lombardverschuldung zu unterbinden.
Insgesamt scheint die Schlußfolgerung gerechtfertigt, daß beide Flexibilisierungsvorschläge geeignet sind, in Zukunft das längerfristige Auftreten von "Lombardfallen" zu vermeiden. Die Kreditinstitute würden Lombardkredite nur zur Überbrückung kurzfrisitiger Spitzenbadarfe beanspruchen, so daß eine dauerhaft hohe Lombardverschuldung nicht mehr auftreten dürfte. Beide Flexibilisierungsvorschläge verbessern daher die Möglichkeiten der Bundesbank, eine gezielte Liquiditätspolitik zu verfolgen.

---

196 Vgl. Brunner/Meltzer, 1964, S. 88
197 Vgl. Jones, 1971, S. 38
198 Vgl. Abschnitt 5.2.5

5.2.6.2 Risiko kurzfristiger "Lombardfallen"

Beiden Flexibilisierungsvorschlägen haftet der Mangel an, daß sie zwar ein längeres Andauern der Lombardfalle unterbinden können, kurzfristig jedoch zulassen müssen.
Bei der Marktbindung wird der Lombardsatz an einen Zinsdurchschnitt der Vergangenheit gekoppelt. Kommt es von einem Tag auf den anderen beim Tagesgeldzins zu Ausschlägen, die größer als der Zuschlagssatz sind, kann bis zur Anpassung des Lombardsatzes der Tagesgeldzins für einen Tag auf die Höhe des Lombardsatzes ansteigen. Dadurch könnte sich, ähnlich wie bei der längerfristigen "Lombardfalle", das Refinanzierungsvolumen unkontrolliert ausweiten. Wegen der sehr kurzen Anpassungszeit von einem Tag ist dieser Fall jedoch nur relevant, wenn er sehr häufig in einer Periode eintritt.[199] Trotz der Möglichkeit kurzfristiger "Lombardfallen" dürfte deshalb die Marktbindung ein wirkungsvolles Instrumentarium gegen den unkontrollierten Liquiditätszufluß durch die Inanspruchnahme von Lombardkrediten sein, zumal sich der Zuschlagssatz jederzeit vergrößern ließe.

Falls der Lombardsatz an einen Pensionssatz für Wertpapierpensionsgeschäfte gekoppelt wird, existiert keine feste Zinsdifferenz zwischen dem Lombardsatz und dem Tagesgeldzins. Bei einer starken Nachfrage der Kredit-institute nach Zentralbankgeld kann sich der Tagesgeldzins vom Pensionssatz lösen und bis auf die Höhe des Lombardsatzes ansteigen. Es ist demnach wiederum eine Zinsstruktur am Geldmarkt möglich, die der "Lombardfalle" zugrunde liegt. Bei dem derzeit praktizierten Ausschreibungsmodus könnte die Bundesbank den Lombardsatz aber über eine entsprechende Fixierung des Pensionssatzes wöchentlich an die jeweilige Zinsstruktur des Geldmarktes anpassen, so daß gegen eine dauerhaft hohe Lombardverschuldung wirksam angegangen würde. Allerdings sind wegen der längeren Anpassungszeit kurzfristige "Lombardfallen" bei der Pensionssatzkopplung des Lombardsatzes ein größeres Problem für die Liquiditätssteuerung als bei der Marktbindung.

Für beide Flexibilisierungsvorschläge läßt sich das Fazit ziehen, daß sie trotz des möglichen Auftretens kurzfristiger "Lombardfallen" das Problem des unkontrollierten Liquiditätszuflusses durch Lombardkredite in größerem Ausmaß nicht zulassen. Im Falle der Pensionssatzkopplung kann es allerdings zu gewissen Störungen bei der Liquiditätssteuerung kommen.

---

199 Vgl. Jones, 1971, S. 40

5.2.6.3 Auswirkungen auf auf die Effektivität liquiditätspolitischer Maßnahmen

Restriktive liquiditätspolitische Maßnahmen lösen tendenziell einen Anstieg des Niveaus der Tagesgeldzinsen aus. Im bisherigen Refinanzierungssystem führen diese Zinssteigerungen dazu, daß sich die Differenz des Lombardsatzes zum Tagesgeldzins verringert oder ganz verschwindet. Die Kreditinstitute refinanzieren sich dann vermehrt über den Lombardkredit. Das Zentralbankgeld, das über die vermehrte Lombardrefinanzierung in das Geschäftsbankensystem fließt, konterkariert die angestreben restriktiven Wirkungen der eingeleiteten Maßnahme. Bei der "Lombardfalle" kann es sich um einen solchen konterkarierenden Liquiditätseffekt handeln.

Wird der Lombardsatz an den Tagesgeldzins gekoppelt, dann steigt der Lombardsatz zusammen mit dem Tagesgeld zins; für die Kreditinstitute besteht somit trotz erhöhter Geldmarktzinsen kein verstärkter Anreiz, sich über Lombardkredite zu refinanzieren.
Auch bei expansiven liquiditätspolitischen Maßnahmen der Bundesbank käme es durch die Marktbindung des Lombardsatzes zu einer höheren Wirkung. Im jetzigen Refinanzierungssystem verringert sich durch den Abbau einer möglicherweise vorher hohen Lombardverschuldung die Wirksamkeit einer expansiven Liquiditätspolitik. Bei einer Marktbindung des Lombardsatzes fiele dieser konterkarierende Effekt geringer aus. Denn bereits in der Hochzinsphase würde die Lombardverschuldung der Kreditinstitute aufgrund des weitgehend konstant über den Geldmarktzinsen liegenden Lombardsatzes weniger stark ausgeweitet als bisher.[200]

Im Fall, daß der Lombardsatz an einen Pensionssatz gekoppelt wird, besteht die Möglichkeit, den konterkarierenden Liquiditätszuflüssen in Phasen restriktiver Maßnahmen durch eine rasche Anhebung von Pensions- und Lombardsatz entgegenzuwirken. Auf diese Weise kann die Differenz des Lombardsatzes zum Tagesgeldzins wieder erhöht werden. Diese hohe zinspolitische Flexibilität ist beim bisherigen Refinanzierungssystem funktionsbedingt und aufgrund der Signalwirkungen nicht gegeben.[201] Im Vergleich zu der Marktbindung und zum bisherigen System der Leitzinsfixierung nimmt die Kopplung an einen Pensionssatz in diesem Zusammenhang eine Mittelstellung ein.

---

200 Vgl. Hörngren/Viotti, 1986, S. 13 und Roth/Seibert, 1983, S. 23 f

201 Zu den Signalwirkungen beider Flexibilisierungsvorschläge siehe Abschnitt 5.2.5

Dem Sachverhalt, daß der fixierte Lombardsatz konterkarierende Wirkungen gegenüber liquiditätspolitischen Maßnahmen verursacht, muß entgegengehalten werden, daß die Pufferfunktion des Lombardkredits ihre Effektivität erhöht. Denn zur optimalen Anwendung liquiditätspolitischer Maßnahmen bedarf es der Schätzung einer Reihe von ökomomischen Variablen[202], die der Zentralbank nicht ohne weiteres bekannt sind. Kommt es zu Fehleinschätzungen, so wirken diese sich weniger negativ aus, falls den Kreditinstituten das Notventil Lombardkredit ohne allzu hohe Kosten zur Verfügung steht.[203] Die hier angesprochenen negativen Wirkungen bestehen in erhöhten Zinsschwankungen am Geldmarkt und einer wachsenden Verunsicherung der Kreditinstitute in bezug auf ihre Refinanzierungskosten.

Die Kopplung des Lombardsatzes an einen Pensionssatz erlaubt ein rasches Gegensteuern gegen die unerwünschten Liquiditätswirkungen des Lombardkredits, ohne dessen Ventilfunktion stärker zu beeinträchtigen. Bei der Marktbindung wird dagegen die Pufferfunktion des Lombardkredits erheblich reduziert, so daß mögliche Fehleinschätzungen zu einem Problem für die liquiditätsmäßige Steuerung des Geldmarktes werden können. Deshalb ist insgesamt die Kopplung des Lombardsatzes an einen Pensionssatz als die günstigere Lösung für die Liquiditätspolitik anzusehen. Sie ist effektiv und ohne größere Risiken einsetzbar.

5.2.6.4 Folgen erhöhter Zinsschwankungen für die Liquiditätspolitik

Wie die Ausführungen des Abschnitts 5.2.2 gezeigt haben, ist bei einer Marktbindung des Lombardsatzes mit einer Zunahme der Zinsvolatilität am Geldmarkt zu rechnen. Allerdings verbleibt der Bundesbank nach Einführung der Marktbindung die Möglichkeit eines vermehrten liquiditätspolitischen Eingreifens, um allzu starke Zinsfluktuationen am Geldmarkt und ihre Nebenwirkungen auf andere Finanzmärkte zu vermeiden. Mit Hilfe ihrer Instrumente zur liquiditätspolitischen Feinsteuerung ist die Bundesbank in der Lage, dem Geldmarkt auch sehr kurzfristig Liquidität bereitzustellen oder zu entziehen, um den Zinsschwankungen entgegenzuwirken.[204]

---

202 Bei diesen ökonomischen Variablen handelt es sich in erster Linie um tägliche, wöchentliche oder saisonale Schwankungen der Kreditnachfrage der Nicht-Banken als auch um Schwankungen des Liquiditätsbedarfes der Kreditinstitute, die durch die Mindestreservepflicht hervorgerufen können. Siehe hierzu den Abschnitt 3.1 dieser Arbeit oder auch insbesondere Davis, 1972, S. 49 f

203 Vgl. Beard/Duggar, 1970, S. 128

204 Vgl. Deutsche Bundesbank, 1989, S. 72

Kurzfristige liquiditätspolitische Maßnahmen zur Vermeidung starker Zinsschwankungen sind für die Bundesbank aber schwierig, weil für sie die Gefahr besteht, ins Schlepptau der Kreditinstitute zu geraten. Beruhen die Zinssteigerungen am Geldmarkt auf einer verstärkten Kreditexpansion, so führt eine kompensatorische Liquiditätspolitik zu ihrer nachträglichen Alimentierung.
Sofern die Bundesbank Zinsausschläge vermeiden will, muß sie wenigstens zum Teil auf die Steuerung der Kreditexpansion verzichten.[205] Dieser Effekt wird noch dadurch verstärkt, daß bei den Kreditinstituten der Eindruck entstehen muß, ihre Refinanzierungsmöglichkeiten seien fast unbegrenzt. Denn jede Liquiditätsknappheit auf dem Geldmarkt müßte von der Bundesbank mengenmäßig ausgeglichen werden. Zentralbankgeld für das Kreditgeschäft stünde bei einer Strategie gedämpfter Zinsschwankungen ausreichend bereit. Eine effektive Liquiditätspolitik würde unter diesen Umständen erschwert.

Liquiditätspolitisches Gegensteuern bedeutete für die Bundesbank auch, daß durch die Marktbindung des Lombardsatzes nur die negativen Folgen einer diskretionären Zinspolitik durch jene einer diskretionären Liquiditätspolitik ersetzt würden.[206] Die Risiken einer diskretionären Liquiditätspolitik bestehen darin, daß sich die Bundesbank bei dem Einsatzzeitpunkt oder aber bei der Quantität der bereitgestellten Liquidität verschätzt, wodurch die erhoffte Glättung der Zinsentwicklung ausbleiben kann.[207]
Außerdem kann die Bundesbank mit kompensatorischen Maßnahmen immer erst im nachhinein auf unerwünschte Zinserhöhungen reagieren. Negative Auswirkungen des Zinsanstiegs, wie etwa eine erhöhte Verunsicherung an den verschiedenen monetären Märkten, sind dann nur zum Teil wieder gut zu machen. Im bisherigen System wurden diese Probleme durch die Elastizität im Refinanzierungsmechanismus aufgefangen, die nach der Marktbindung erheblich reduziert sein würde.

Bei der Kopplung des Lombardsatzes an einen Pensionssatz bestehen diese Probleme nur in geringem Maße. Eine größere Zunahme der Zinsschwankungen wäre nicht zu erwarten, da am Geldmarkt eine relativ stabile Zinsobergrenze erhalten bliebe.[208] Insofern dürfte sich die Notwendigkeit zu liquiditätspolitischen Ausgleichsmaßnahmen im Vergleich zum bisherigen Refinanzierungssystem nicht wesentlich ändern.

---

205 Vgl. Rhode, 1985, S. 46
206 Vgl. Davis, 1972, S. 55
207 Vgl. Moore, 1972, S. 116 f und Ciccolo, 1971, S. 82 f
208 Vgl. dazu Abschnitt 5.2.5

5.3 Auswirkungen der Flexibilisierungsvorschläge auf die Kapitalmärkte

In diesem Abschnitt soll untersucht werden, inwieweit sich eine Zunahme der Zinsvolatilität am Geldmarkt auf die übrigen Finanzmärkte auswirkt. Unterschieden werden der Rentenmarkt als Markt für langfrisitige Wertpapiere; der Bankenkreditmarkt, auf dem kurzfristige und langfristige Bankenkredite umgesetzt werden; der Bankeneinlagenmarkt, auf dem das kurzfristige und langfristige Mittelaufkommen der Banken angeboten und nachgefragt wird sowie der Aktienmarkt, auf dem Beteiligungskapital gehandelt wird.[209]

5.3.1 Wirkungen einer erhöhten Volatilität am Geldmarkt auf die Zinsentwicklung an den Finanzmärkten

Die Verbindungen zwischen Geld- und Rentenmarkt beruhen zu einem großen Teil auf den Soll- und Habenzinsen im Kredit- und Einlagegeschäft.
Die Kreditinstitute müssen sich bei ihren Kreditgeschäften an der Gesamtheit der Geldmarktdaten und insbesondere an ihren marginalen Refinanzierungskosten orientieren, wollen sie Ertragseinbußen vermeiden. Deshalb werden die Kreditinstitute bemüht sein, bei Zinssteigerungen am Geldmarkt ihre Kreditzinsen (Sollzinsen) entsprechend zu erhöhen, um ihre Ertagsspanne aufrechtzuerhalten.

Die Kreditinstitute werden daraufhin bei ihrem Engagement auf dem Rentenmarkt berücksichtigen, daß die Zinserträge für Direktkredite, die für sie zur Wertpapieranlage in einer direkten Konkurrenzbeziehung stehen, gestiegen sind. Sie werden tendenziell ihre Nachfrage nach Wertpapieren am Rentenmarkt reduzieren.

Die privaten Unternehmen, die Kapital nachfragen, werden in dieser Situation versuchen, ihren Kapitalbedarf vermehrt auf dem Rentenmarkt zu decken, da sich die Inanspruchnahme von Bankkrediten aufgrund der gestiegenen Sollzinsen verteuert hat. Sie werden tendenziell mehr Wertpapiere emittieren. Da aber der Anteil der von privaten Unternehmen emittierten Wertpapiere am Rentenmarkt nur sehr klein ist, spielt diese Nachfrageverschiebung für die Zinsentwicklung nur eine untergeordnete Rolle.

---

209 Vgl. Fuchs, 1989, S. 1

Für den Einlagenmarkt gilt, daß mit zunehmendem Zinsniveau am Geldmarkt die Kreditinstitute bereit sein werden, höhere Zinsen für Einlagen zu bezahlen. Mit einer Zunahme des Einlagenvolumens können die Kreditinstitute ihre Liquiditätssituation verbessern und werden somit unabhängiger vom teuren Geldmarkt. Außerdem zwingt der Wettbewerb zwischen den verschiedenen Anlageformen die Kreditinstitute dazu, die Einlagekunden am gestiegenen Zinsniveau teilhaben zu lassen.
Die Zunahme der Habenzinsen wird ihrerseits dazu führen, daß es für die Anleger lukrativer ist, Gelder in Form von Einlagen, z.B. Termineinlagen, zu halten, als auf dem Rentenmarkt zu investieren.

Der Anstieg der Soll- und Habenzinsen induziert auf diese Weise eine Abnahme der Nachfrage nach Wertpapieren und eine Zunahme des Angebots, so daß das Zinsniveau am Rentenmarkt ansteigt, während die Kurse der Wertpapiere fallen.[210]

Bei Zinssenkungen am Geldmarkt wird dagegen der bestehende Wettbewerb die Kreditinstitute zwingen, ihre Kreditzinsen zu verringern, wodurch die Anlagen am Rentenmarkt für sie wieder lukrativer werden, während sich die Nachfrage nach Kapital vermehrt auf die Direktkredite verlagert.[211] [212] Das Zinsniveau wird daraufhin auch am Rentenmarkt zurückgehen. Gleichzeitig werden die Kreditinstitute ihre Einlagenzinsen senken, da die Geldmarktkredite günstiger geworden sind und sich ihre Erträge im Kreditgeschäft verringert haben.
Diese Gleichläufigkeit der Zinsentwicklung zwischen Geld- und Kapitalmarkt wird als Paralleleffekt bezeichnet.[213]

Verstärkend wirkt sich das Emissionsverhalten der Kreditinstitute auf den Paralleleffekt aus. Es verändert sich mit der Liquiditätssituation am Geldmarkt. Dies liegt daran, daß sich insbesondere die sonstigen Bankschuldverschreibungen, die an kein bestimmtes Aktivgeschäft gebunden sind, als zusätzliche Refinanzierungsquelle eignen. Diese Emissionen nehmen in restriktiven Phasen der Geldpolitik zu, drücken das Kursniveau und steigern das Zinsniveau am Rentenmarkt. Allerdings unterliegen Bankschuldverschreibungen mit einer Laufzeit von weniger als zwei Jahren seit 1986 der Mindestreservepflicht, so daß zumindest der Umlauf dieser kurzfristigen Emissionen, deren Substitutionsbeziehungen zu

210 Vgl. Lipfert, 1975, S. 106 f

211 Vgl. Deutsche Bundesbank, 1989, S. 55 f

212 Zur Gleichläufigkeit der Zinsentwicklung zwischen dem Geldmarkt einerseits und dem Kapital- und Kreditmarkt anderseits siehe die Graphik 8.

213 Vgl. Duwendag u.a., 1985, S. 156

Geldmarktkrediten am ausgeprägtesten sind, stark zurückgegangen ist.[214] Aufgrund der hervorgehobenen Position der Kreditinstitute am Rentenmarkt ist der Einfluß ihres Emissionsverhalten auf das Zins- und Kursniveau dennoch beträchtlich.[215]

Eine weitere Verbindungslinie zwischen dem Geld- und Rentenmarkt beruht auf der Erwartungsbildung der Marktteilnehmer. Sofern das Niveau der Geldmarktzinsen als Ausdruck des geldpolitischen Kurses der Bundesbank interpretiert wird, leiten die Marktteilnehmer daraus ihre Erwartungen über die zukünftige Zinskonstellation am Geldmarkt und aufgrund des Paralleleffekts auch am Rentenmarkt ab. Es handelt sich um Signaleffekte, die vom Geld- auf den Rentenmarkt ausstrahlen.[216] Die Erwartungsbildung der Marktteilnehmer verstärkt demnach die unmittelbaren Zinswirkungen des Paralleleffekts.

Mit zunehmender Laufzeit der Rententitel nimmt die Stärke des Paralleleffekts ab. Dies liegt daran, daß neben den Geldmarktzinsen noch andere Faktoren für das Niveau der Zinsen am Rentenmarkt bestimmend sind. Neben der allgemeinen Konjunkturentwicklung, die auf das Angebot an Wertpapieren einwirkt, und den Zinserwartungen, die das laufzeitbedingte Zinsgefälle beeinflussen, ist dies vor allem die erwartete Inflationsrate. Sie ist mitentscheidend für die Erwartungsbildung über die zukünftige Zentralbankpolitik und damit für das erwartete Niveau der Geldmarktzinsen, die wiederum auf die Kapitalmarktzinsen ausstrahlen werden. Des weiteren ist die erwartete Inflationsrate eine Determinante für die erwartete Realverzinsung der Anleihen und somit für die Anlagebereitschaft der Anleger, in Anlagen mit einer bestimmten Laufzeit zu einem bestimmten Zinssatz zu investieren.[217] Als alternative Anlagemöglichkeiten sind schließlich die Kapitalmarktanleihen im Ausland zu berücksichtigen, deren Zinsniveau in Verbindung mit dem erwarteten Wechselkursrisiko Kapitalströme vom In- ins Ausland und umgekehrt induzieren kann, was sich entsprechend auf das Kurs- und Zinsniveau am deutschen Rentenmarkt auswirkt.
Der Einfluß dieser Faktoren nimmt mit zunehmender Laufzeit der Rententitel zu, da sich in gleichem Maße die direkte Substitionsbeziehung zu den kurzfristigen Anlagen am Geldmarkt abschwächt. Aus diesem Grund ist auch bei einem starken Zinsanstieg am Geldmarkt die Wahrscheinlichkeit groß, daß es zu einer inversen Zinsstruktur am Kapitalmarkt kommt. Eine inverse Zinsstruktur trat z.B. in den

---

214 Vgl. Fuchs, 1989, S. 27 und Deutsche Bundesbank, 1989, S. 37 f

215 Die Kreditinstitute halten auf dem Rentenmarkt etwa zwei Fünftel aller im Umlauf befindlichen Wertpapiere in ihrem Bestand und drei Fünftel aller Wertpapiere inländischer Emittenten sind von Banken begebene Schuldverschreibungen. Vgl. Deutsche Bundesbank, 1989, S. 36

216 Vgl. Johnson, 1981, S. 20 f

217 Vgl. Köhler, 1977, S. 148

skizzierten Hochzinsphasen zwischen 1973 und 1974, 1979 und 1982 sowie zu Beginn der neunziger Jahre auf.
Zu beachten ist, daß die Zinsentwicklung an Geld- und Rentenmarkt zwar tendenziell gleichläufig, aber keineswegs stabil ist. Falls sich die Gewichte der relevanten Einflußfaktoren für die in ihrer Fristigkeit unterschiedlichen Titel verschieben, ändert sich auch die Zinsrelation dieser Titel zu den Geldmarktanlagen.[218 219]

Die Ausführungen zur Verbindung zwischen Geld- und Rentenmarkt machen deutlich, daß zwischen beiden Märkten eine gleichläufige - wenn auch nicht konstante - Zinsbeziehung besteht. Insofern ist zu erwarten, daß eine Zunahme der Zinsvolatilität am Geldmarkt auch die Zinsschwankungen am Rentenmarkt erhöhen würde, wobei diese für Titel mit einer längeren Laufzeit geringer ausfallen dürften.[220]

Hinzu kommt, daß bei größeren Zinsschwankungen am Geldmarkt der gegenwärtige Geldmarktzins weniger Informationen über die zukünftige Entwicklung auf dem Geld- und auch dem Rentenmarkt enthält. Dies erhöht die Unsicherheit der Marktteilnehmer. Sie werden sensitiver am Kapitalmarkt auf Zinsschwankungen am Geldmarkt reagieren, wodurch die Gleichläufigkeit beider Märkte weiter zunehmen dürfte.[221]

Diese Überlegungen werden in einer empirischen Untersuchung für den Zeitraum von 1973-1986 bestätigt. Nach ihr führt in Deutschland eine steigende Unstetigkeit des Geldmarktgeschehens - gemessen an der Variabilität des Geldmarktzinses - auch zu einer steigenden Volatilität der Rentenmarktrendite, und zwar in abnehmendem Maße für Titel mit längerer Laufzeit.[222]

Wie bereits angedeutet, wird von einer Zunahme der Zinsvolatilität am Geldmarkt auch das Kursniveau der an der Börse oder am gereglten Markt gehandelten Wertpapiere beeinflußt. Dabei handelt es sich um Rentenwerte und Aktien. Durch den Paralleleffekt übertragene Zinsschwankungen führen auf dem Rentenmarkt zu einer gegenläufigen Bewegung der Kurse. Die Veränderung des Zinsniveaus am

---

218 Vgl. Rettig, 1989, S. 21 f und Jander, 1986, S. 54 f und Fuchs, 1989, S. 3

219 Auf die Möglichkeit der Bundesbank, das Zinsniveau am Kapitalmarkt mit Hilfe von Offenmarktoperationen in langfristigen Wertpapieren zu beeinflussen, soll an dieser Stelle nicht näher eingegangen werden. Mit Ausnahme der Jahre 1967 und 1975 hat sich die Bundesbank mit dem Einsatz dieses Instruments aus politischen Gründen sehr zurückgehalten. Vgl. Deutsche Bundesbank, 1989, S. 74 f

220 Vgl. Schröder, 1991, S. 95 und Kantor/Lombra, 1988, S. 18

221 Vgl. Moore, 1972, S. 117

222 Vgl. Fuchs, 1989, S. 13

Rentenmarkt wirkt sich auch auf den Aktienmarkt aus. Nimmt beispielsweise das Zinsniveaus am Rentenmarkt zu, so führt dies zu einer Verlagerung der Nachfrage vom Aktien- zum Rentenmarkt. Daraufhin geht das Kursniveaus am Aktienmarkt tendenziell zurück. Diese Zusammenhänge lassen erwarten, daß sich eine Zunahme der Zinsschwankungen am Geldmarkt auch in einer erhöhten Kursvolatilität auf dem Renten- und Aktienmarkt niederschlagen dürfte.[223]

5.3.2 Reaktionen der Marktteilnehmer auf ein erhöhtes Zinsrisiko

Auf dem Rentenmarkt resultiert der Ertrag eines jeden Anlegers aus den Zinszahlungen und aus einem Kursgewinn oder -verlust seiner Anlage. Die möglichen Kursverluste können die Zinserträge schmälern oder sogar insgesamt einen Verlust für den Anleger herbeiführen. Aus dieser Konstellation resultiert das Risiko des Anlegers bei seiner Anlageentscheidung.[224]

Wenn die Bundesbank den Lombardsatz an einen Marktzins koppelt, können die Zinssteigerungen am Geld- und damit indirekt auch am Rentenmarkt höher ausfallen. Aus der erhöhten Varianz der Zinsschwankungen erwächst den Anlegern ein größeres Anlagerisiko[225], da sie bei einem Antieg der Zinsen mit Kursverlusten rechnen müssen.
Das erhöhte Anlagerisiko für Rentenwerte wirkt sich tendenziell steigernd auf das allgemeine Zinsniveau am Rentenmarkt aus. Es führt zu einer Zunahme der Risikoprämien,[226] die den Investor für das Risiko einer mehrperiodigen Anlage entschädigen sollen und die im Zinssatz verrechnet sind.[227]

Auf dem Aktienmarkt wäre theoretisch davon auszugehen, daß durch die Zunahme der Zinsvolatilität am Geld- und Rentenmarkt und die dadurch induzierte Zunahme der Kursschwankungen die Fungibilität von Aktien verringert wird. Außerdem erhöhen vermehrte Kursschwankungen von Aktien das Anlagerisiko, wodurch potentielle Anleger von der Anlage in Aktien abgehalten werden. Neuemissionen wären daher auf dem Aktienmarkt schwieriger zu plazieren, so daß die Funktion des Aktienmarkts, den Unternehmen Kapital langfristig bereitzustellen, in Mitleidenschaft gezogen würde.
Berücksichtigt man allerdings die starken Kursschwankungen am Aktienmarkt, die während der letzten Jahre zu beobachten waren, so ist kaum zu befürchten,

---

223 Vgl. Hamburger/Kochin, 1972, S. 231 f
224 Vgl. Tobin, 1958 S. 67
225 Vgl. Lombra/Struble, 1979, S. 296
226 Vgl. Tobin, 1958, S. 68 und Turnovsky, 1971, S. 183 f
227 Vgl. Bodie/Kane/McDonald, 1983, S. 14

daß die zusätzlichen Kursschwankungen, die sich aus der Marktbindung des Lombardsatzes ergeben könnten, besonders ins Gewicht fallen würden. Eine Beeinträchtigung der Funktionstüchtigkeit des Aktienmarkts ist durch die Marktbindung des Lombardsatzes nicht anzunehmen.

Am Kreditmarkt ist zu erwarten, daß die Kreditinstitute bemüht sein werden, ihr erhöhtes Zinsrisiko auf der Refinanzierungsseite an ihre Kunden weiterzugeben. Bei längerfristigen Krediten, wie etwa den Hypothekarkrediten, kann dies dazu führen, daß die Kreditinstitute nicht nur die Kreditzinsen erhöhen, sondern auch die Laufzeit von Krediten mit einem festen Zinssatz verkürzen sowie verstärkt Kredite mit variablen Zinsen anbieten. Auf der Schuldnerseite dürfte ein verstärktes Interesse für längerfristige Kredite mit einem Festzins bestehen, um das Kalkulationsrisiko zu vermindern. Insbesondere für diese Kreditform ist deshalb mit einer Zunahme des Zinsniveaus zu rechnen.[228]
Zu berücksichtigen ist aber, daß sich das Zinsrisiko nur in Restriktionsphasen spürbar erhöht, so daß diese Angebots- und Nachfrageveränderungen auf dem Kreditmarkt im Zeitverlauf nicht sehr stark sein dürften.

Am Bankeneinlagenmarkt schließlich dürften die Angebots- und Nachfrageschwankungen stärker als in der Vergangenheit ausfallen, wenn die Einlagenzinsen volatiler werden. Aufgrund der verzögerten und reduzierten Weitergabe veränderter Geld- und Kapitalmarktzinsen auf die Einlagenzinsen durch die Kreditinstitute würden diese Schwankungen aber eher gering ausfallen. (siehe hierzu auch Abbildung 8)

Mit der Zunahme des Zinsrisikos auf den Kapital- und Kreditmärkten würde es im Laufe der Zeit zu einer Reihe von Anpassungen bis hin zu Finanzinnovationen kommen, die es den Anlegern und Kreditnehmern erleichtern, mit dieser veränderten Situation zurechtzukommen. So wäre beispielsweise von einer Ausweitung der Hedgingmärkte auszugehen, auf denen sich die Marktteilnehmer gegen das Zinsrisiko absichern können.[229] Nach einer gewissen Übergangszeit bei Einführung des marktgebundenen Lombardsatzes könnte deshalb auch in Restriktionsphasen mit einer Verstetigung des Verlaufs auf den Finanzmärkten gerechnet werden.[230]

---

228 Vgl. Johnson, 1981, S. 53 f

229 Vgl. Lombra/Struble, 1979, S. 297

230 Johnson kam zu diesem Ergebnis, nachdem in den USA aufgrund einer verstärkten Konzentration auf die Geldmengenpolitik im Jahre 1979 die Zinsschwankungen an den Geld- und Kreditmärkten zunahm und diese sich an die veränderten Bedingungen anpaßten. Vgl. Johnson, 1981, S. 34. Bestätigt wird dies auch durch eine Kosten-Nutzen-Analyse in Bezug auf auf Geldmengensteuerung und Zinsschwankungen von Poole. Vgl. Poole, 1976, S. 19

Die in diesem Abschnitt angestellten Überlegungen zu den Auswirkungen einer erhöhten Zinsvolatilität auf den Kapital- und Kreditmarkt beziehen sich in erster Linie auf den marktgebunden Lombardsatz, da er größere Zinsschwankungen erwarten läßt. Der Reformvorschlag, den Lombardsatz an einen Pensionssatz zu koppeln, dürfte sich nicht sonderlich stark auf die Finanzmärkte auswirken. Die Zunahme der Zinsschwankungen am Geldmarkt fiele gering aus und würde zudem durch die anderen Einflußfaktoren an den Kapital- und Kreditmärkten aufgefangen.[231]
Auch die Signalwirkungen dieses veränderten Zinsinstrumentariums auf die Kapital- und Kreditmärkte wären geringer, und zwar sowohl im Vergleich zu der Leitzinsfixierung als auch zum marktgebundenen Lombardsatz. Wie in Abschnitt 5.2.5 dargestellt wurde, liegt dies an der wöchentlichen Fixierung der Pensionssätze, die nicht in dem Maße auf einen geldpolitischen Kurs der Bundesbank schließen läßt, wie eine längerfristige Fixierung der Leitzinsen. Zudem werden die Signalwirkungen hoher Zinsausschläge bei einer Marktbindung des Lombardsatzes vermieden, die dann besonders stark sind, wenn die Bundesbank auf liquiditätspolitische Ausgleichsmaßnahmen verzichtet. Durch die geringeren Signalwirkungen nimmt die Geldmarktabhängigkeit des Kapitalmarktes ab.

Anzumerken ist aber auch, daß die Signalwirkungen einer Leitzinsfixierung auf die Kreditmärkte sehr häufig die geldpolitischen Intentionen der Bundesbank unterstützen. Sie führen zu einer schnelleren Anpassung der Kreditzinsen an den geldpolitischen Kurs der Bundesbank[232]. Für die Steuerung der Kreditexpansion ist deshalb die Kopplung des Lombardsatzes an einen Pensionssatz nicht nur von Vorteil.

5.3.3 Folgen für die Gesamtwirtschaft

Die Marktbindung des Lombardsatzes würde zu einer stärkeren Zunahme der Zinsvolatilität am Geldmarkt führen. Die Ausführungen der beiden vorhergehenden Abschnitte haben gezeigt, daß eine erhöhte Zinsvolatilität am Geldmarkt auf die Kapitalmärkte übergreifen dürfte. Daraus würde ein Anstieg der Risikoprämien resultieren, so daß tendenziell mit einem allgemeinen Zinsanstieg auf diesen Märkten und mit erhöhten Kursschwankungen auf dem Renten- und Aktienmarkt zu rechnen wäre. Die Zunahme des allgemeinen Zinsniveaus würde aber recht begrenzt bleiben, da das Zinsrisiko nur in Restriktionsphasen nennenswert

231 Vgl. die Abschnitte 5.2.2
232 Vgl. Epstein, 1991, S. 618 f

zunähme. Zudem führte die Ausweitung des Hedgings zu einer verbesserten Anpassung an das veränderte Risiko. Allerdings erhöhte das verstärkte Hedging auch die Finanzierungskosten für die Unternehmen. Von den erhöhten Zins- und Finanzierungskosten betroffen wären insbesondere der Investitionsgüter- und im Bausektor. In diesen Bereichen könnte sich die erhöhte Zinsvolatilität auf den Finanzmärkten dämpfend auf die Investitionstätigkeit auswirken. Da es sich bei den hier relevanten Restriktionsphasen aber insgesamt nur um Ausnahmefälle handelt, wären im Zeitablauf negative Einflüsse größeren Ausmaßes für die Gesamtwirtschaft nicht zu befürchten.[232]
Unwahrscheinlich ist auch, daß die erhöhte Zinsvolatilität die Funktionsfähigkeit der Finanzmärkte ernsthaft beeinträchtigen würde. Das erhöhte Risiko für die Anleger und Nachfrager dürfte durch eine Zunahme der Risikoprämien, eine veränderte Kreditstruktur, (vermehrt Kredite mit variablen und weniger mit fixem Zinssatz) durch eine Ausweitung der Hedgingaktivitäten und letztlich durch das Aufkommen risikomindernder Finanzinnovationen aufgefangen werden. Nur wenn die Kreditinstitute bei extremen Zinssteigerungen am Geldmarkt beginnen, Kredite zu stornieren, sind ernsthafte Störungen möglich. Führen diese zu pessimistischen Erwartungen der Wirtschaftssubjekte, könnten sich daraus negative Effekte für den Konjunkturverlauf ergeben.

Die Kopplung des Lombardsatzes an einen Pensionssatz dürfte über die Geldpolitik hinaus keinen verändernden Einfluß auf die Gesamtwirtschaft im Vergleich zum bestehenden Refinanzierungsinstrumentarium haben. Dies liegt an der erwartungsgemäß eher moderaten Zunahme der Zinsschwankungen am Geldmarkt.

---

232 Vgl. Vgl. Cramp, 1970, S. 65 und Rosenblum/Strongin, 1984, S. 16

Abbildung 8: Gleichläufigkeit der Zinsentwicklung an den Geld- und Kapitalmärkten in den siebziger und achtziger Jahren

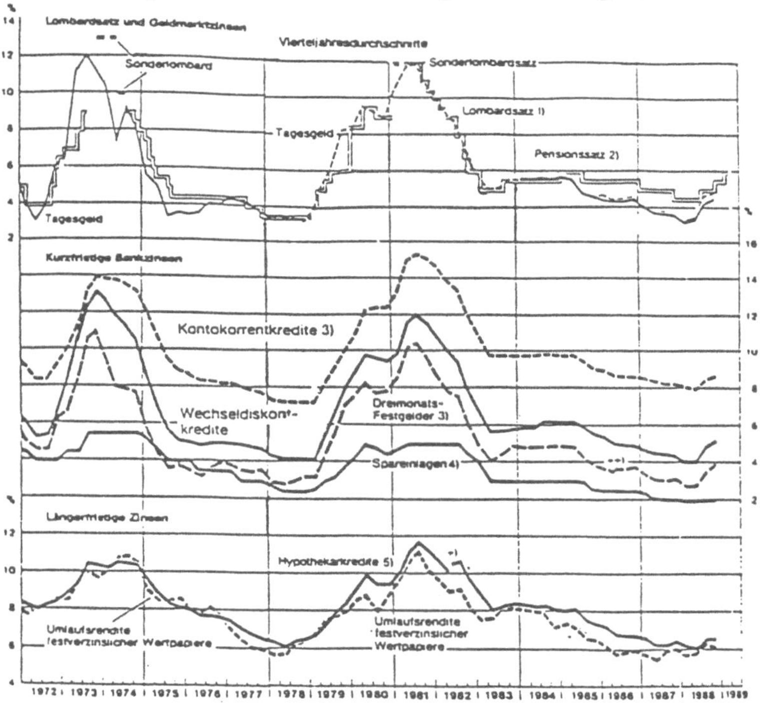

1) Lombardkredit zum Lombardsatz wurde vom 20.2.1981 bis 6.5.1982 nicht zur Verfügung gestellt. In dieser Zeit gewährte die Bundesbank Sonderlombardkredite zum Sonderlombardsatz.
2) Satz für Wertpapierpensionsgeschäfte mit Rückkaufvereinbarung.
3) Unter 1 Mio D-Mark.
4) Mit gesetzlicher Kündigungsfrist
5) Effektivverzinsung auf Wohnungsgrundstücke.

Quelle: Deutsche Bundesbank, Sonderdrucke Nr. 7 der Jahre 1981 und 1989

Die Gleichläufigkeit der Zinsentwicklung am Geld- und Kapitalmarkt der siebziger und achtziger Jahre zeigt die Bedeutung des Paralleleffekts auf: Die Spannungen am Geldmarkt spiegelten sich an allen Kredit- und Kapitalmärkten wider. Zu berücksichtigen sind aber auch die übrigen Bestimmungsfaktoren, die im Text beschrieben worden sind.

5.4 Auswirkungen der Flexibilisierungsvorschläge auf die Devisenmärkte

Eine hohe Zinsvolatilität an den Geld- und Kapitalmärkten kann zu stärkeren Ausschlägen flexibler Wechselkurse führen, was für eine Volkswirtschaft mit erheblichen Kosten verbunden sein würde. So lösen starke Wechselkursschwankungen falsche Preissignale auf den internationalen Güter- und Kapitalmärkten aus und stören auf diese Weise den Handel von Gütern und Kapital. Falls die Wechselkursschwankungen länger andauern, ist mit negativen Auswirkungen für Handelsbilanz, Beschäftigung und Preisniveau im In bzw. Ausland zu rechnen.[233] Außerdem verteuern sich die Finanzierungskosten für die Unternehmen, wenn sie internationale Geschäfte gegen größere Wechselkursschwankungen absichern müssen.[234]

Hinzu kommt, daß starke Veränderungen der Wechselkurse die Zentralbanken aus den genannten Gründen veranlassen, auf den Devisenmärkten zu intervenieren. Interventionen gegen eine zu rasche Abwertung des Dollarkurses etwa führen zu einem Liquiditätszufluß, der die Steuerung des Geldmarktes erschweren und mit dem Geldmengenziel kollidieren kann. Inwieweit diese Risiken tatsächlich durch eine Flexibilisierung des Lombardsatzes hervorgerufen werden, soll im Folgenden untersucht werden.

5.4.1 Wirkungen einer erhöhten Zinsvolatilität auf die Stabilität flexibler Wechselkurse

Im Mittelpunkt des Abschnitts 5.4.1 steht die Frage, welche Wirkungen von einer erhöhten Zinsvolatilität am Geldmarkt auf flexible Wechselkurse ausgehen.
Wie in Abschnitt 5.2.3 dieses Kapitels gezeigt, ist bei einer Marktbindung des Lombardsatzes mit einer stärkeren Zunahme der Zinsvolatilität zu rechnen, weil in diesem Fall die Zinsobergrenze am Geldmarkt entfällt, sich die Geldangebotselastizit verringert und es zu Aufschaukelungsprozessen zwischen Tagesgeldzins und Lombardsatz kommen kann.
Auch bei der Verwirklichung des Reformvorschlags, den Lombardsatz an einen Pensionssatz zu koppeln, ist mit einer erhöhten, wenn auch im Vergleich zur Marktbindung moderaten Zinsvolatilität zu rechnen. Sie beruht einmal auf dem

---

233 Vgl. Köhler, 1982, S. 656 und Branson/Frankel, 1985, S. 21 f. Erfahrungsgemäß wirken sich Veränderungen des Wechselkurses erst mit einiger Verzögerung auf die Gütermärkte aus. Dies liegt an den meist längerfristigen Verträgen für Gütertransaktionen und den Kurssicherungsgeschäftenn der Unternehmen, die einen befristeten Schutz vor Wechselkursschwankungen bieten. Vgl. Kouri, 1976, S. 280 f

234 Vgl. Tobin, 1978, S. 153 f und Mayer, 1982, S. 4 f

flexibler gewordenen Zinskorridor zwischen Diskont- und Lombardsatz und zum zweiten auf den möglichen Aufschaukelungsprozessen zwischen Tagesgeldzins, Pensions- und Lombardsatz.

Die bedeutsamsten Märkte flexibler Wechselkurse, die von einer erhöhten Zinsvolatilität betroffen wären, sind der DM/Dollar-, der DM/Yen und der DM/SFR-Markt. Über diese drei Wechselkurse wird der größte Teil der Kapital- und Warenströme, die auf DM-Transaktionen beruhen, im Rahmen von flexibel gehandelten Währungen abgewickelt.[235]

5.4.1.1 Anpassungsprozesse der Wechselkurse nach Zinsschwankungen:

Die nach Verwirklichung beider Flexibilisierungsvorschläge zu erwartende Zunahme der Zinsschwankungen am Geldmarkt wirkt sich durch den Paralleleffekt und aufgrund von Signalwirkungen auch auf das Zinsniveau am Kapitalmarkt aus, und zwar in zunehmendem Maße für die Kapitalmarktpapiere mit kurzfristigen Laufzeiten.[236]

Ein Zinsanstieg auf dem Geld- und Kapitalmarkt führt dazu, daß deutsche Anlagen im Vergleich zu ausländischen Anlagen tendenziell attraktiver geworden sind, da ihr erwarteter Ertrag gestiegen ist. Der erwartete Ertrag einer Anlage (Ee) setzt sich aus dem Zinsertrag (r) und der Veränderung des Wechselkurses zusammen. Diese Veränderung ergibt sich aus der Abweichung des Kassakurses (Es) vom langfristig erwarteten Wechselkurs (Es`).
Für den erwarteten Ertrag läßt sich demnach schreiben:

$$(1)\quad \underset{DM}{E(e)} = \underset{DM}{r} + (\underset{A/DM}{Es`} - \underset{A/DM}{Es}) \;/\; \underset{A/DM}{Es}$$

Die Zunahme des erwarteten Ertrags inländischer Anlagen gegenüber ausländischen Anlagen löst Kapitaltransfers in die Bundesrepublik aus. Die D-Mark wird aufgrund der gestiegenen Nachfrage an den Devisenmärkten aufgewertet. Die einsetzende Aufwertung der D-Mark wird von den Marktakteuren aber als Abweichung von dem für die Zukunft erwarteten Wechselkurs gesehen, so daß sie in der Folgezeit wieder mit einer Abwertung rechnen. Der Aufwertungsprozeß der D-Mark setzt sich solange fort, bis ihre erwartete Abwertung gerade so groß geworden ist, daß sie den Zinsvorteil der deutschen Anlagen ausgleicht. In diesem

---

235 Vgl. Wermuth/Ochynski, 1987, S. 40
236 Vgl. Abschnitt 5.3

Fall ist dann wieder ein Gleichgewicht auf dem Devisenmarkt erreicht, weil die Bedingung der sogenannten Zinsparität erfüllt ist.[237]

(2) $r^{*} = r + (Es` - Es) / Es$
A DM A/DM A/DM A/DM

Einschränkend muß bei diesen Ausführungen darauf hingewiesen werden, daß die Substitutionalität zwischen in- und ausländischen Anlagen trotz der zunehmenden Integration der internationalen Geld- und Kapitalmärkte begrenzt sein dürfte. Dies ist in erster Linie auf Risikoerwägungen inländischer Anleger gegenüber überraschenden Wechselkursänderungen und auf höhere Transaktionskosten bei Anlagen im Ausland zurückzuführen. Die begrenzte Substitutionalität hat zur Folge, daß die Zinsparität zwischen in- und ausländischen Anlagen nicht vollständig wiederhergestellt sein muß. Die ausgelösten Wechselkursschwankun-gen fallen geringer aus.[238]

Die Zinssteigerungen am Geldmarkt können sich noch zusätzlich auf den langfristig erwarteten Wechselkurs auswirken, wenn sie von den Marktteilnehmern als Ausdruck einer restriktiven Liquiditätspolitik der Bundesbank verstanden werden. Offensichtlich ist die Bundesbank nicht bereit, den Liquiditätsengpaß durch ausreichende Liquiditätszuschüsse auszugleichen. Kommen die Marktakteure zu dieser Ansicht und rechnen sie mit einer Fortsetzung dieses restriktiven Kurses, so werden sie auch eine Verminderung des Inflationstempos erwarten.

Eine erwartete Verminderung des Inflationstempos verringert den langfristig erwarteten Wechselkurs, da dieser aus dem relativen Preisniveau der Bundesrepublik zu dem jeweils anderen Land resultiert.

(3) $dEs` = \# - \#^{*}$,

wobei dEs` für die prozentuale Änderung des Wechselkurses steht, # für die inländische und #* für die ausländische Inflationsrate.[239]
Die Verringerung des langfristig erwarteten Wechselkurses führt entsprechend der Formel (1) dazu, daß die Anlagen im Inland lukrativer werden, da tendenziell in der Zukunft mit einer Aufwertung der inländischen Währung gerechnet werden muß. Es fließt deshalb zusätzliches Kapital vom Ausland ins Inland, bis die inlän-

---

237 Vgl. Dornbusch, 1976, S. 234 f. Zur empirischen Relevanz der Zinsparität siehe Taylor, 1987, S. S. 429 f

238 Vgl. Jarchow/Rühmann, 1982, S. 273 und Dornbusch/Krugman, 1976, S. 554 f

239 Vgl. Parikh, 1991, S. 474. Die Gültigkeit dieser Beziehung konnte empirisch in der langfristigen Perspektive bestätigt werden. Vgl. Mussa, 1979, S. 22 f

dische Währung soweit aufgewertet worden ist, daß die Zinsparität zwischen dem In- und Ausland wieder hergestellt ist.

Fazit: Zinssteigerungen am deutschen Geldmarkt wirken durch ihren Einfluß auf die bilateralen Zinsparitäten und den langfristig erwarteten Wechselkurs tendenziell in Richtung einer Aufwertung der D-Mark hin.

5.4.1.2 Beurteilung der Flexibilisierungsvorschläge für die Stabilität flexibler Wechselkurse

In einer Reihe von empirischen Studien ist der Zusammenhang von kurzfristigen Zinssätzen und flexiblen Wechselkursen untersucht worden. Im Folgenden sollen aus Gründen der Übersichtlichkeit die empirischen Ergebnisse im Mittelpunkt stehen, die sich auf das Verhältnis der kurzfristigen Zinssätze in Deutschland, insbesondere der Geldmarktzinsen, zum DM/Dollar-Wechselkurs beziehen.
In den zitierten empirischen Untersuchungen fanden neben den kurzfristigen Zinssätzen auch die Entwicklungen des relativen Preisniveaus, der erwarteten relativen Inflationsraten, der relativen Geldangebote, des relativen Wachstums der Sozialprodukte sowie die Handelsbilanzen beider Ländern als Determinanten des Wechselkurses Berücksichtigung.[240]

In allen Studien wurde in der Tendenz ein eindeutiger Zusammenhang zwischen den kurzfristigen Zinssätzen in Deutschland und dem DM/Dollar-Kurs festgestellt. In stärkerem Maße gilt dies allerdings für das relative Realzinsniveau als für das Nominalzinsniveau. Auch ist nach diesen Studien das Zinsniveau am Kapitalmarkt ein bedeutsamerer Einflußfaktor für den Wechselkurs als das Zinsniveau am Geldmarkt. Eine recht hohe Korrelation läßt sich beispielsweise zwischen dem Realzinsniveau auf dem Anleihenmarkt bei einer durchschnittlichen Restlauffrist von fünf Jahren und dem Dollarkurs nachweisen.[241]

Der schwächere Einfluß der Geldmarktzinsen auf den Wechselkurs erscheint zunächst überraschend, denn in der Diskussion um eine wechselkursorientierte

---

240 Vgl. Parikh, 1991, S. 476 f und Hooper/Morton, 1982, S. 48 f und Meese/Rogoff, 1986, S. 4 f. Meese/Rogoff untersuchten den Einfluß der genannten Determinanten auf die Schwankungen des DM/Dollar-Kurs für den Zeitraum von November 1980 bis Juni 1984 mit Hilfe einer multiplen Regression. Parikh tat dasselbe für den Zeitraum von April 1974 bis Dezember 1987 und Hooper/Morton für den Zeitraum von Januar 1973 bis einschließlich Dezember 1978.
Die große Bedeutung des realen Zinsdifferentials für den DM/Dollar-Kurs hoben auch Micossi/Padoa-Schioppa hervor, wobei sie ihre Ergebnisse für den Zeitraum von 1972 bis 1983 ermittelten. Vgl. Micossi/Padoa-Schioppa, 1986, S. 134

241 Vgl. Pohl, 1985a, S. 112 f und und Pohl, 1985b, S. 123 f

Geldpolitik spielt der Geldmarktzins eine große Rolle.[242] Die empirischen Ergebnisse der hier zitierten Studien deuten darauf hin, daß sich die Geldmarktzinsen in erster Linie nur indirekt über ihren Einfluß auf das Zinsniveau am Kapitalmarkt auf die Wechselkurse auswirken. Insofern würde die Wirkung einer erhöhten Zinsvolatilität am Geldmarkt durch die übrigen Bestimmungsfaktoren des Kapitalmarktzinsniveaus gedämpft. Jedoch ist zu bedenken, daß der Zeitraum der empirischen Studien sich auf mehrere Jahre erstreckte. Es handelt sich um Durchschnittswerte.

In einer Situation, in der vom Geldmarkt erhebliche Signalwirkungen auf die Devisenmärkte ausgingen, war kurzfristig ein starker Einfluß der Geldmarktzinsen auf das Niveau der Wechselkurse zu beobachten. In den Jahren 1973 und 1981 wurde der Lombardkredit limitiert oder ein Sonderlombardsatz eingeführt und es kam zu starken Zinserhöhungen am Geldmarkt. Daraufhin zog der Außenwert der D-Mark gegenüber dem Dollar rasch an.[243] Im Jahre 1981 geschah dies sogar, obwohl der langfristige Trend aufgrund eines lang anhaltenden Leistungsbilanzdefizits der Bundesrepublik eher auf eine Abwertung der D-Mark hinauslief.
Auch das hohe Zinsniveau am Geldmarkt in der ersten Jahreshälfte 1992 wirkte sich unmittelbar zugunsten der D-Mark gegenüber dem Dollar und anderen bedeutsamen flexibel gehandelten Währungen aus.[244]

Die Signalwirkungen, die vom Geldmarkt auf die Devisenmärkte ausstrahlten, beruhten auf den restriktiven Maßnahmen der Bundesbank wie der Leitzinsanhebung oder der Einführung der Sonderlombardkredite und dem daraus resultierenden hohen Zinsniveau. Sie lösten bei den Marktakteuren Erwartungen hinsichtlich

---

242 Vgl. Pohl, 1985a, S. 112 und und Pohl, 1985b, S. 113

243 In der ersten Hälfte des Jahres 1973, als die genannten Verschärfungen am deutschen Geldmarkt eingetreten waren und der Gelldmarktzins im Monatsdurchschnitt auf 14 % anstieg, wertete die D-Mark gegenüber dem US-Dollar von Mitte März bis Anfang Juli um 25 % auf. Vgl. Bank für Internationalen Zahlungsausgleich, 1974, S. 148
Im Jahre 1981, als der Geldmarktzins im Februar ein Niveau von 13 % im Monatsdurchschnitt erreichte, erhöhte sich der Außenwert der D-Mark gegenüber dem US-Dollar von 2,25 DM/$ auf 2,05 DM/$ bis Mitte März. Vgl. Bank für Internationalen Zahlungsausgleich, 1981, S. 137 f. In beiden Fällen machten die Analysisten der BIZ primär die Verhältnisse am deutschen Geldmarkt für die abrupten Wechselkursverschiebungen verantwortlich.

244 Anfang August 1992 erreichten die Geldmarktzinsen aufgrund einer Leitzinserhöhung eine Höhe von rund 9,5 %. Der Dollarkurs sank daraufhin innerhalb eines Monats von 1,48 DM je Dollar auf 1,39 DM. Vgl. die Monatsberichte der Deutschen Bundesbank für August und September 1992. Diese empirischen Ergebnisse finden auch in theoretischen Untersuchungen zum Einfluß der Geldpolitik auf die Erwartungsbildung an den Devisenmärkten Bestätigung; vgl. etwa Francke, 1985, S. 38

einer längerfristig veränderten Zinsparität zugunsten der D-Mark und möglicherweise auch einer Verringerung der Inflationsrate aus, was einen Anstieg des Außenwerts der D-Mark zur Folge gehabt hatte. Eine Rolle für die Stärke der Signalwirkungen dürfte bei den genannten Beispielen auch gespielt haben, daß sie für die Marktakteure überraschend beschlossen wurden. Sie deuteten eine weitere Verschärfung des geldpolitischen Kurses der Bundesbank an.

Abbildung 9: Die kurzfristige Veränderlichkeit des D-Mark/Dollar-Kurses seit Beginn des Floatings

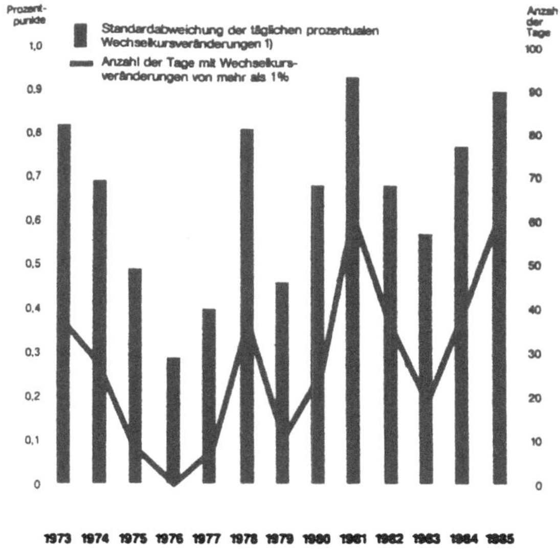

Quelle: Deutsche Bundesbank, Geschäftsbericht für das Jahr 1985, S. 69

Die Standardabweichungen der täglichen Wechselkursveränderungen zeigen deutlich, daß die Wechselkursschwankungen in den Phasen starker Zinsausschläge am deutschen Geldmarkt zwischen 1973 und 1974 sowie zwischen 1980 und 1981 besonders ausgeprägt waren.

Dieser kurzfristig starke Einfluß der Signalwirkungen des Geldmarktes auf die flexiblen Wechselkurse läßt vermuten, daß eine erhöhte Zinsvolatilität am Geldmarkt auch auf die flexiblen Wechselkurse übergreifen kann. Zu erwarten ist dies, wenn rasche und größere Zinssteigerungen auftreten, die nicht durch liquiditätspolitische Maßnahmen begrenzt werden. Sie lassen in ähnlicher Weise auf den geldpolitischen Kurs einer Zentralbank schließen wie etwa die Erhebung eines Sonderlombardsatzes.[245] Außerdem sind die Zinsausschläge für die Marktakteure häufig unvorhersehbar, so daß sie einen ähnlichen Überraschungseffekt auslösen dürften wie eine plötzliche Verschärfung des zinspolitischen Kurses.
Aus diesen Gründen ist bei einer Marktbindung des Lombardsatzes damit zu rechnen, daß in Situationen sehr knapper Liquidität am Geldmarkt die zu erwartenden Zinsausschläge auch relativ hohe Schwankungen der Wechselkurse verursachen können. Dauern diese länger an, sind die zu Beginn dieses Abschnitts erläuterten negativen Konsequenzen für die deutsche Volkswirtschaft möglich.

Aus wechselkurspolitischen Überlegungen scheint die Kopplung des Lombardsatzes an einen Pensionssatz die günstigere Lösung zu sein. Zwar führt dieser Vorschlag ebenfalls zu einer Zunahme der Zinsschwankungen am Geldmarkt, dies jedoch nur in beschränktem Maße.[246] Hohe Zinsausschläge und die daraus resultierenden Signalwirkungen wären eher unwahrscheinlich.
Außerdem dürften von der Festlegung des Pensionssatzes aufgrund seiner häufigen Fixierungen eher geringere Signalwirkungen ausgehen als im bisherigen System der Leitzinsfixierung.[247]
Die Kopplung des Lombardsatzes an einen Pensionssatz trägt deshalb stärker als die anderen beiden Zinsinstrumentarien zur Stabilisierung der Wechselkurse bei.

---

245 siehe dazu auch den Abschnitt 5.3 dieser Arbeit
246 Vgl. Abschnitt 5.2.2
247 siehe dazu Abschnitt 5.2.5

5.4.2 Wirkungen einer erhöhten Zinsvolatilität auf das Europäische Währungssystem

5.4.2.1 Aufbau und Funktionsweise des Europäischen Währungssystems

Das Europäische Währungssystem (EWS), das am 13.3.1979 die Währungsschlange ablöste, hat zum Ziel, innerhalb des gemeinsamen EG-Binnenmarktes eine Zone mit weitgehend stabilen Wechselkursen einzurichten. Der Vorteil für die Teilnehmerländer besteht darin, daß die Vorhersehbarkeit der integrierten Wechselkurse weitaus höher ist als bei flexiblen Wechselkursen. Eine Sicherheit wie in einem Fixkurssystem ist ihnen freilich nicht gewährleistet, weil auch im EWS Auf- und Abwertungen durchaus möglich und üblich sind und die Kurse innerhalb festgelegter Bandbreiten schwanken können.[248]

Der wichtigste Baustein des EWS besteht in der Verpflichtung der beteiligten Notenbanken, die festgelegten Währungsparitäten durch Interventionen zu verteidigen. Ausgelöst wird diese Interventionsverpflichtung, wenn der Wechselkurs den oberen oder unteren bilateralen Interventionspunkt zu überschreiten droht. Die bilateralen Interventionspunkte ergeben sich aus den Schwankungsbreiten von +- 2 1/4 %[249], die um den bilateralen Leitkurs zweier Währungen gelegt werden.
Der bilaterale Leitkurs errechnet sich aus dem Quotienten der Währung A und dem ECU dividiert durch den Quotienten der Währung B durch den ECU.[250]
Werden die Schwankungsbreiten des bilateralen Leitkurses überschritten, müssen die Notenbanken der beiden betroffenen Länder die eigene Währung in unbegrenzter Höhe verkaufen bzw. ankaufen, um die festgelegte Währungsparität innerhalb der Schwankungsbreite aufrechtzuerhalten.[251]

Um der unbegrenzten Interventionspflicht auch nachkommen zu können, räumen sich die Zentralbanken zur sehr kurzfristigen Finanzierung Kredite ein, die keiner Limitierung unterliegen. Diese Kredite müssen 45 Tage nach Ende des Monats, in dem sie vergeben wurden, wieder zurückgezahlt werden. Deshalb wurde im EWS für den Fall längerfristiger Zahlungsbilanzungleichgewichte die Einrichtung des

---

248 Vgl. Wermuth/Ochynski, 1987, S. 41 f

249 Im Anschluß an mehrere Währungsturbulenzen innerhalb des EWS seit dem September 1992 sind die Schwankungsbreiten vorübergehend auf +- 15 % ausgeweitet worden, um die Spekulationswellen unter Kontrolle zu bekommen. Es ist aber geplant, in Zukunft wieder zu den engeren Bandbreiten zurückzukehren. Vgl. Süddeutsche Zeitung, S. 37, 12.10.1993

250 Der ECU, die gemeinsame europäische Währungseinheit, ist als ein Korb mit festen Währungsbeiträgen der am EWS teilnehmenden Währungen definiert.

251 Vgl. Deutsche Bundesbank, Monatsbericht für März 1979, S. 11-18

sogenannten kurzfristigen und mittelfristigen Währungsbeistands geschaffen, bei dem Kredite mit einer Laufzeit von mehreren Monaten bzw. bis zu fünf Jahren vergeben werden.[252]
Schließlich gibt es im Rahmen des EWS ein Abweichungsindikator, der als eine Art Frühwarnsystem anzeigen soll, ob ein bestimmter Wechselkurs zu stark von der Entwicklung der übrigen Wechselkurse abweicht. Der Abweichungsindikator signalisiert, daß der ECU-Tageswert einer Währung 75 % der maximal möglichen Abweichung vom ECU-Leitkurs dieser Währung erreicht hat. In einer solchen Situation kann eine Zentralbank mit nationalen Maßnahmen der Geld-, Finanz- oder der allgemeinen Wirtschaftspolitik versuchen, die bestehende Parität zu verteidigen, um den aufwendigen Interventionsmechanismus oder gar eine Veränderung der bestehenden Währungsparität zu vermeiden. Eine Verpflichtung dazu besteht freilich nicht.[253]

5.4.2.2 Auswirkungen erhöhter Zinsschwankungen am deutschen Geldmarkt auf die Stabilität des EWS

Das durch Zinssteigerungen ausgelöste Zinsdifferential gegenüber den übrigen EWS-Ländern und vor allem die Signalwirkungen, die von einer Leitzinsanhebung bzw. von einem hohen Zinsniveau am Geldmarkt ausgehen, üben Druck auf die im EWS festgelegten Währungsparitäten aus. Der Wirkungsmechanismus verläuft wie bei flexiblen Wechselkursen, nur daß die Zentralbanken des EWS aufgrund ihrer Interventionsverpflichtungen die Währungsparitäten verteidigen und somit eine Anpassung der Wechselkurse begrenzen. Die Bundesbank muß die von einer Abwertung bedrohten EWS-Währungen zu den Kursen am jeweiligen Interventionspunkt aufkaufen und entsprechende Liquiditätszuflüsse in die Bundesrepublik hinnehmen. Die betroffenen ausländischen Zentralbanken müssen ihrerseits D-Mark gegen ihre Währung verkaufen, wobei sie auf den bereits skizzierten Währungsbeistand zurückgreifen können. Die Liquiditätswirkungen dieser Interventionen an den Devisenmärkten können beträchtlich sein. Aufgrund des hohen Zinsniveaus am Geldmarkt im Februar 1981 mußten die EWS-Währungen mit obligatorischen D-Mark-Interventionen und mit intramarginalen D-Mark-Interventionen gestützt werden, was zu Liquiditätszuflüssen in Höhe von knapp 20 Mrd. D-Mark führte.[254] Im Jahre 1992 kam es während der EWS-Krise, die

---

252 Institut der deutschen Wirtschaft, 1981, S. 29 f

253 Der Abweichungsindikator erwies sich als wenig tauglich, wenn zwei Währungen an ihren bilateralen Interventionspunkt stießen, ohne daß eine entsprechende Abweichung des Tageskurs vom ECU-Leitkurs vorlag. Der Abweichungsindikator wurde nicht ausgelöst, obwohl Maßnahmen der Notenbank zu Verteidigung einer Währungsparität notwenig gewesen wären. Vgl. Scholl, 1981, S. 165 f und Wermuth/Ochynski, 1987, S. 52 f

254 Vgl. Pohl, 1988, S. 197

durch eine Diskontsatzerhöhung der Bundesbank und durch einen schwachen Dollar ausgelöst wurden, sogar zu Liquiditätszuflüssen in Höhe von 92 Mrd. DM.[255]

Mit Hilfe sterilisierender Maßnahmen, etwa einer abrupten Verminderung von Abschlüssen der Wertpapierpensionsgeschäfte, kann die Bundesbank zwar einen beträchtlichen Teil der zugeflossenen Liquidität wieder abschöpfen; eine gewisse Verflüssigung am Geldmarkt muß sie jedoch zulassen, um den Druck von den Währungsparitäten zu nehmen. Andernfalls bleiben das Zinsgefälle gegenüber dem Ausland und die Wechselkurserwartungen bestehen, was nur zu weiteren Kapitalzuflüssen ins Inland führt.[256]

Allerdings muß das Zinsniveau in Deutschland nicht wieder auf das ursprüngliche Niveau sinken. Aufgrund der bestehenden Schwankungsbreiten, die den einzelnen Währungen innerhalb des EWS eingeräumt werden, sind bestimmte Abweichungen von der Zinsparität gegenüber anderen EWS-Währungen durchaus möglich.[257] Außerdem lassen erfahrungsgemäß die Spekulationswellen nach, wenn es den EWS-Zentralbanken gelungen ist, eine bestehende Parität gegen die Marktkräfte zu verteidigen.

Die Liquiditätszufuhr in die Bundesrepublik trägt im nachhinein dazu bei, daß die dem Zinsanstieg zugrunde liegenden Anspannungen am Geldmarkt aufgelockert werden. Insofern führt die durch Zinsschwankungen induzierte Instabilität des EWS zu einer Stabilisierung des deutschen Geldmarktes.[258] Diese Art der Stabilisierung dürfte allerdings nicht im Sinne der Bundesbank sein, weil sie mit ihrem Geldmengenziel kollidiert und die währungspolitischen Beziehungen zu den anderen EWS-Ländern belastet.

Anzumerken sind noch zwei unterschiedliche Einflüsse auf die Stabilität des EWS, die in einem engen Zusammenhang mit den Zinsschwankungen am deutschen Geldmarkt stehen.

1. Die Zentralbanken der EWS-Länder neigen häufig dazu, ihre Zinspolitik in Einklang mit den bestehenden Wechselkursparitäten des EWS zu bringen. Aufgrund der dominierenden Stellung, die die D-Mark im EWS einnimmt, richten sie häufig ihre Zinspolitik an dem Wechselkurs zur D-Mark aus. Wenn demnach das Zinsniveau in Deutschland anzieht, so wird der Druck auf die Wechselkurse nicht nur durch die Interventionen der Zentralbanken aufgefangen, sondern auch

---

255 Vgl. Monatsbericht der Deutschen Bundesbank für September 1992, S. 16

256 Vgl. Pohl, 1988, S. 195. Ähnliches war auch während der EWS-Krise von 1992 zu beobachten, als die Bundesbank trotz Realignment und kurzfristigen Ausgleichsmaßnahmen beträchtlichen Ausmaßes eine Zunahme des Zentralbankgeldes von über 12 Mrd D-Mark hinnehmen mußte. Vgl. Monatsbericht der Deutschen Bundesbank für den Monat Dezember, 1992, S. 13

257 Vgl. Wermuth/Ochynski, 1987, S. 48 f

258 Vgl. Kloten, 1981, S. 181

durch eine entsprechende Zinsanpassung in einer Reihe von EWS-Ländern. Die Zinsanpassungen im Ausland verringern die Zinsdifferenz zu dem Zinsniveau in Deutschland und damit den Liquiditätszufluß nach Deutschland.[259]

2. Die D-Mark hat als einzige Währung des EWS eine herausgehobene Bedeutung als internationale Reservewährung inne und steht deshalb in einer engen Konkurrenzbeziehung zum Dollar. Aus diesem Grund wird die D-Mark von Kapitalströmen in und aus dem Dollar stärker betroffen als andere EWS-Währungen.
Kommt es zu Zinssteigerungen in Deutschland und wird die D-Mark entsprechend gegenüber dem Dollar aufgewertet, so wird die D-Mark von den internationalen Geldanlegern auch dann den anderen EWS-Währungen vorgezogen, wenn an sich keine anderen Gründe für eine Aufwertung der D-Mark gegenüber den EWS-Währungen existieren.[260]
Dieses Reaktionsmuster auf den Devisenmärkten hat zur Folge, daß sich die Schwankungen der flexiblen Wechselkurse, die durch eine Zunahme der Zinsvolatilität am Geldmarkt ausgelöst werden, destabilisierend auf das EWS auswirken.[261]

5.4.2.3 Beurteilung der Flexibilisierungsvorschläge für die Stabilität des EWS

Die durch die Marktbindung des Lombardsatzes möglichen Zinssteigerungen können sich destabilisierend auf das EWS auswirken. Dies beruht in erster Linie auf den Signalwirkungen eines hohen Zinsniveaus am Geldmarkt und auf einer möglichen Vergrößerung des Zinsdifferentials gegenüber dem Ausland. Diese Beurteilung stützt sich auf der in der Vergangenheit gemachten Erfahrung, daß

---

259 Vgl. Chauveau, 1987, S. 1 f und Micossi/Padoa-Schioppa, 1986, S. 129
260 Vgl. Pohl, 1988, S. 194 f
261 Vgl. Micossi/Padoa-Schioppa, 1986, S. 139 f und Scholl, 1981, S. 151. Auch die EWS-Krise im Jahre 1992 wurde durch eine starke Verminderung des Außenwerts des Dollars gegenüber der D-Mark verschärft. Vgl. Monatsberichte der Deutschen Bundesbank für September, 1992, S. 10.

Zinsveränderungen am deutschen Geldmarkt häufig starke Reaktionen innerhalb des EWS auslösten.[262] Wirken sich die Zinssteigerungen am deutschen Geldmarkt auch gegenüber den flexibel gehandelten Währungen wie vor allem dem Dollarkurs aus, so können zusätzliche Spannungen für das EWS entstehen.[263] Falls die Zentralbanken zu Interventionen auf den Devisenmärkten gezwungen werden, um die bestehenden Wechselkursparitäten zu verteidigen, können die einsetzenden Liquiditätszuflüsse die Steuerung des Geldmarktes und die Erreichung des Geldmengenziels für die Bundesbank erschweren. Dies haben die in Abschnitt 5.4.2.2 skizzierten Fälle gezeigt.
Eine Veränderung der Wechselkursparitäten dürfte dagegen kaum allein von Zinsschwankungen am Geldmarkt in Deutschland ausgelöst werden. Sie beruhen vielmehr auf grundlegenden ökonomischen Ungleichgewichten zwischen den Mitgliedsländern des EWS. Die Reaktionen der Devisenmärkte auf Zinsveränderungen fallen jedoch um so heftiger aus, je größer die bereits bestehenden Ungleichgewichte im EWS sind. Sie wirken stimulierend auf die einsetzenden Spekulationswellen. Berücksichtigt man, daß in der Vergangenheit die Anpassung der Währungsparitäten an diese Ungleichgewichte häufig erst recht spät vorgenommen wurde, so können höhere Zinsschwankungen am deutschen Geldmarkt zu einem beträchtlichen Problem für die Stabilität des EWS werden. Positiv gewendet könnte man diesen Zinsschwankungen natürlich auch eine reinigende Wirkung zuschreiben, da sie die verantwortlichen Währungsbehörden dazu zwingen, sich stärker an ökonomischen und weniger an politischen Faktoren auszurichten.[264]

Die Kopplung des Lombardsatzes an einen Pensionssatz für Wertpapierpensionsgeschäfte könnte dagegen die Stabilität des EWS erhöhen. Im Vergleich zum bisherigen System der Leitzinsfixierung und der Marktbindung würde sie zu einer

---

262 Welche Beachtung die deutsche Zinspolitik und damit die Konditionen am Geldmarkt innerhalb des EWS erfahren, wird in einem Leitartikel der Financial Times vom 14. September 1992, S.1 deutlich: " The most important thing is that the Bundesbank has bowed to international pressure. Now there will be much more confidence that the current parities will be much more durable and sustainable". Chauvau kam in einer empirischen Untersuchung mit Hilfe einer multiplen Regression für den Zeitraum von 1975 bis 1987 zu dem Ergebnis, daß größere Schwankungen des deutschen Zinsniveaus erhebliche Kapitalströme innerhalb der Mitgliedsländer des EWS induzieren, die ohne ausgleichende Maßnahmen der Zentralbanken die Wechselkursparitäten des EWS gefährden würden. Vgl. Chauvau, 1988, S. 16 f

263 Vgl. hierzu das Zitat der Bundesbank zur EWS-Krise im Herbst 1992.

264 Als wichtigster Grund für die bisherigen Krisen im EWS wurde die zu späte Anpassung der Währungsparitäten an die divergierenden Inflationsraten der Mitgliedsländer angesehen. Vgl. Krüger, 1992, S. 516-519, Monatsbericht der Deutschen Bundesbank für Dezember 1992, S. 47 und Pohl, 1988, S. 194

Verminderung der Signalwirkungen beitragen.[265] Gegenüber der Marktbindung hätte die Kopplung an einen Pensionssatz den Vorteil, daß die Zinsvolatilität am Geldmarkt geringer ausfiele.

5.5 Der Einfluß der Flexibilisierungsvorschläge auf die Unsicherheit von Mengenwirkungen der Zinspolitik

In Abschnitt 4.4 ist dargestellt worden, daß die Mengenwirkungen einer Leitzinsfixierung auf die Bankenliquidität und die Geldmenge ungewiß sind. Das Refinanzierungsverhalten der Kreditinstitute und das Angebots- und Nachfrageverhalten beim Kreditgeschäft der Kreditinstitute mit den Nicht-Banken hängen noch von einer Reihe von Faktoren ab, die sich der Kenntnis und dem Einfluß der Bundesbank entziehen.[266] Insofern stellt sich die Frage, inwieweit durch den jeweiligen Flexibilisierungsvorschlag die Effektivität der Zinspolitik bzw. der Geldpolitik insgesamt verbessert würde.

Die Marktbindung des Lombardsatzes führte dazu, daß die Bundesbank mit der Lombardsatzfixierung ein zinspolitisches Instrument aus der Hand gibt. Daher käme es zu einer verminderten Unsicherheit beim Wirkungsgrad zinspolitischer Maßnahmen. Auf der anderen Seite trägt aber eine verstärkte Konzentration auf mengenpolitische Maßnahmen nicht zu einer Zunahme der Gewißheit über die Wirkungen der Geldpolitik als Ganzes bei. Zum einen verhindern die Marktfaktoren und die Liquiditätswirkungen der Mindestreserveverpflichtung eine präzise Steuerung der Bankenliquidität[267], zum zweiten bleibt es fraglich, inwieweit sich eine veränderte Bankenliquidität auf das Kreditgeschäft mit den Nicht-Banken auswirkt.[268] Selbst wenn die Bundesbank in größerem Ausmaß Offenmarktoperationen mit Nicht-Banken durchführen würde, um den Einfluß der Kreditinstitute auszuschalten, bliebe die erwünschte Wirkung auf die Geldmenge abhängig vom Verhalten der Nicht-Banken. Die Ungewißheit bliebe bestehen.[269]

Die Kopplung des Lombardsatzes an einen Pensionssatz kann zwar das Problem der ungewißen Mengenwirkungen administrativer zinspolitischer Maßnahmen nicht von Grund auf lösen, aber wenigstens erhöht diese Form der Flexibilisierung die zinspolitische Flexibilität der Bundesbank.[270] Korrekturmaßnahmen lassen

265 Vgl. Abschnitt 5.2.5
266 Als Beispiel seien die Kreditnachfrageelastizitäten genannt
267 Vgl. Abschnitt 3.1.2
268 Vgl. Abschnitt 3.3.1
269 Vgl. Köhler, 1977, S. 245 f
270 Vgl. Abschnitt 5.2.7.2

sich bei Fehlentwicklungen schneller und unproblematischer durchführen, so daß es der Bundesbank leichter fallen dürfte, sich in iterativer Weise einer optimalen Lösung anzunähern.

5.6 Rückgang der Wettbewerbsverzerrungen bei einer Flexibilisierung des Lombardsatzes

Die bedeutsamsten Wettbewerbsverzerrungen treten bei der Rediskont-Refinanzierung auf. Sie beruhen auf Unterschieden bei den Wechsel-beschaffungsmöglichkeiten zwischen den einzelnen Kreditinstitutsgruppen und auf dem Rediskontkontingentbemessungsverfahren.[271] Diese Wettbewerbs-verzerrungen bleiben durch beide Flexibilisierungsvorschläge für den Lombardsatz unberührt, da sie nicht die Refinanzierung durch Lombardkredite betreffen.

Erst wenn es zu quantitativen Begrenzungen des Lombardkredits durch die Bundesbank kommt, weil er von den Kreditinstituten in zu hohem Maße in Anspruch genommen wird, können auch bei der Lombard-Refinanzierung Wettbewerbsverzerrungen auftreten. Dies liegt daran, daß sich die temporär durchgeführten Begrenzungen für die Lombard-Refinanzierung an den Rediskontkontingenten orientieren. Dies gilt sowohl für die Warnmarken als auch für die Lombardlinien.[272]
Die Wettbewerbsverzerrungen, die bei dem Rediskontkontingentbemessungsverfahren auftreten, werden in diesem Fall auch auf die Möglichkeit der Inanspruchnahme von Lombardkrediten übertragen.
Sofern die beiden Flexibilisierungsvorschläge quantitative Begrenzungen des Lombardkredits überflüssig machen, können sie zur Vermeidung von Wettbewerbsverzerrungen beitragen. Dies wäre bei beiden Reformvorschlägen zu erwarten. Die festgelegte positive Differenz zwischen Lombardsatz und Geldmarktzins und die raschen Zinssteigerungen, die bei einer Marktbindung des Lombardsatzes auftreten dürften, würden sehr wahrscheinlich dafür sorgen, daß es zu keiner übermäßigen Inanspruchnahme von Lombardkrediten durch die Kreditinstitute kommt.
Bei einer Kopplung des Lombardsatzes an einen Pensionssatz erhöhte sich die zinspolitische Flexibilität der Bundesbank. Sie könnte durch eine entsprechende Anhebung ihrer Pensionssätze die LombardRefinanzierung innerhalb weniger Tage so verteuern, daß die Kreditinstitute gezwungen wären, ihr Volumen an Lombardkrediten zurückzuschrauben.

---

271 Vgl. Abschnitt 4.6
272 Vgl. Abschnitt 3.2.2

Beide Flexibilisierungsvorschläge sind demnach geeignet, die Wettbewerbsverzerrungen, die bei einer quantitativen Begrenzung der Lombardkredite auftreten, zu vermeiden.[273]

5.7 Der Einfluß der Flexibilisierungsvorschläge auf die Wirkungsverzögerungen der Zinspolitik

Die Wirkungsverzögerungen der Zinspolitik beruhen - wie auch bei anderen geldpolitischen Maßnahmen - auf einem inside lag, einem intermediate lag und einem outside lag. Diese Wirkungsverzögerungen können dazu führen, daß die diskretionäre Festsetzung des Lombardsatzes zu spät durchgeführt wird oder aber zu spät auf das Endziel, die Preisniveaustabilität, zu wirken beginnt. In diesem Fall besteht die Gefahr, daß die Leitzinsvariation nicht die erhofften Folgewirkungen zeigt.[274]

Durch die Marktbindung des Lombardsatzes fiele zwar der inside lag weg, der einer Fixierung des Lombardsatzes vorausgeht, jedoch bliebe der inside lag bei der Fixierung von Diskont- und Pensionssatz bestehen. In der Praxis kommt dem inside lag bei den Wertpapierpensionsgeschäften die entscheidende Bedeutung zu, weil mit den Pensionsgeschäften stets ein neuer geldpolitischer Kurs eingeleitet wird. Deshalb würde das lag-Problem durch die Marktbindung nur unwesentlich gemindert.

Bei der Kopplung des Lombardsatzes an einen Pensionssatz würde der inside lag vollständig auf die Wertpapierpensionsgeschäfte übertragen. Größere Vorteile für die Geldpolitik ergäben sich daraus nicht, zumal der intermediate und der outside lag weiterhin bestehen blieben. Diese beiden lags treten erst auf, nachdem die Veränderung des Lombardsatzes erfolgt ist.[275]
Das Risiko, daß die Zentralbankzinsen ihre Wirkung zu spät entfalten, bliebe bei beiden Flexibilisierungsvorschlägen für die Bundesbank bestehen.

273 Vgl. Abschnitt 4.6.1.1
274 Vgl. Abschnitt 4.7
275 Vgl. wiederum Abschnitt 4.7

5.8 Flexibilisierung als Ventil für politischen Druck ?

Der Zielkonflikt, der zwischen den Zielen der Preisniveaustabilität und eines positiven Konjunkturverlaufs bzw. der Wechselkursstabilität auftauchen kann, führt zu politischem Druck auf die Bundesbank. Die Bundesbank, deren Hauptaufgabe in der Wahrung der Preisniveaustabilität besteht, kann mit ihrer stabilitätsorientierten Geldpolitik auf den Widerstand mächtiger Institutionen und gesellschaftlicher Gruppen im In- und Ausland stoßen, deren Interessenlagen eher in Richtung eines möglichst günstigen Konjunkturverlaufs oder stabilen Wechselkursen zielen.[276] Aufgrund der großen Beachtung, die die Leitzinsen der Bundesbank in der Öffentlichkeit erfahren, ist deren Anhebung häufig der Auslöser für öffentliche Kritik und politischen Druck. Zur Verminderung dieses Drucks könnte daher eine Reform des geldpolitischen Instrumentariums beitragen, die eine geräuschlosere Zinspolitik ermöglichte als bisher.

Die Marktbindung des Lombardsatzes scheint zu diesem Zweck in besonderem Maße geeignet zu sein. Zinssteigerungen am Geldmarkt können bei einem marktgebundenen Lombardsatz nicht mehr unmittelbar der Bundesbank angelastet werden, sondern sie würden von Marktkräften ausgelöst. Dennoch ist auch bei einer Marktbindung des Lombardsatzes zu erwarten, daß für rasche Zinssteigerungen am Geldmarkt die Geldpolitik der Bundesbank verantwortlich gemacht werden würde. In der öffentlichen Diskussion dürfte sich rasch die Erkenntnis verbreiten, daß die Bundesbank noch über eine Reihe anderer Instrumente verfügt, um das Zinsniveau in die von ihr gewünschte Richtung zu lenken. Die Marktbindung des Lombardsatzes brächte der Bundesbank daher nur wenig Entlastung bei der Rechtfertigung ihrer Geldpolitik in der Öffentlichkeit.

Die Kopplung des Lombardsatzes an einen Pensionssatz für Wertpapierpensionsgeschäfte ermöglichte der Bundesbank eine geräuschlosere Zinspolitik. Die Festlegung von Pensions- und Lombardsatz erfolgte für kürzere Zeiträume und ist schnell korrigierbar. Deshalb dürfte ihr in der Öffentlichkeit weniger Bedeutung zugemessen werden als die bisherige Leitzinsfixierung. Die Bundesbank wäre bei der Durchführung einzelner zinspolitischer Maßnahmen geringerem politischen Druck ausgesetzt als bisher. Freilich kann auch die Kopplung des Lombardsatzes an einen Pensionssatz die bestehenden Zielkonflikte nicht auflösen, so daß sich die Bundesbank auch weiterhin politischem Druck ausgesetzt sehen würde.

Bei beiden Flexibilisierungsvorschlägen ist zu erwarten, daß sich das öffentliche Interesse und damit auch der politische Druck von der Lombardsatz-Variation auf

---

276 Vgl. Abschnitt 4.8

andere geldpolitische Bereiche verlagerte. So dürfte nach einer Flexibilisierung des Lombardsatzes die Verkündung des jährlichen Geldmengenziels und das Zinsniveau am Geldmarkt vermehrt im Blickpunkt stehen und Kritik auf sich ziehen.

6 DIE STRATEGISCHE DIMENSION EINES MARKTGEBUNDENEN LOMBARDSATZES

Der Reformvorschlag, den Lombardsatz an einen Marktzins zu binden, hat neben der bisher diskutierten steuerungstechnischen Dimension noch eine strategische Dimension im Rahmen einer geldpolitischen Gesamtkonzeption.[277] Diese strategische Dimension beruht auf dem Einfluß der Marktbindung auf das Verhältnis von Regelbindung versus diskretionärer Steuerung und auf das Zusammenspiel von Zins- und Geldmengensteuerung in der Geldpolitik. Beide Aspekte weisen einen direkten Bezug zu grundlegenden Forderungen der monetaristischen Schule auf.[278] In diesem Kapitel sollen die strategischen Aspekte des marktgebundenen Lombardsatzes untersucht und anschließend ihre Kompatibilität mit der geldpolitischen Konzeption der Bundesbank beurteilt werden.

6.1 Die Marktbindung des Lombardsatzes aus monetaristischer Sicht

Die monetaristische Schule geht davon aus, daß die Geldmenge die gesamtwirtschaftliche Nachfrage und damit das nominale Sozialprodukt bestimmt.[279] Die Geldmenge ist nach dieser Auffassung durch die Zentralbank steuerbar und die Einkommenskreislaufgeschwindigkeit des Geldes steht langfristig in einem stabilen Verhältnis zum volkswirtschaftlichen Realeinkommen. Deshalb kommt der Zentralbank für die gesamtwirtschaftliche Entwicklung eine entscheidende Rolle zu. Denn jeder Akteur in einer Volkswirtschaft muß sich bei seinen Planungen in den Rahmen der Gesamtnachfrage einpassen, den die Zentralbank durch die Steuerung der Geldmenge vorgibt.[280] Da das Verhalten des privaten Sektors zumindest langfristig als stabil angesehen wird, wären konjunkturelle Schwankungen hauptsächlich auf Fehlsteuerungen der Geldpolitik zurückzuführen. Die Fehlsteuerungen in der Geldpolitik beruhten auf ihrem diskretionären Charakter und den verschiedenen time lags bei der Durchführung geldpolitischer Maßnahmen.[281] Nach Auffassung der Monetaristen treten diese geldpolitischen Fehlsteuerungen ständig auf. Deshalb fordern sie, die Geldpolitik einer möglichst weitgehenden Regelbindung zu unterwerfen und auf diskretionäre Eingriffe zu verzichten.[282] Dieser Forderung würde durch die Marktbindung des Lombard-

277 Vgl. Schröder, 1991, S. 93

278 Vgl. Friedman, 1959, S. 30 f

279 Diese Aussage entspricht der These von der Dominanz monetärer Impulse.

280 Diese Aussage entspricht der These von der finanziellen Beschränkung der Gesamtnachfrage

281 Vgl. Woll/Müller, 1972, S. 197 f und Solow, 1963, S. 2 f

282 Vgl. Friedman, 1968, S. 16 f

satzes entsprochen.[283] Nicht mehr die Bundesbank würde von Fall zu Fall über seine Höhe entscheiden, sondern allein der Markt.

Die Marktbindung des Lombardsatzes verschiebt das Verhältnis von Mengen- und Zinssteuerung im geldpolitischen Instrumentarium zugunsten der Mengensteuerung. Mit ihr gäbe die Bundesbank ein bedeutsames zinspolitisches Instrument aus der Hand. Dies entspricht der monetaristischen Vorstellung, wonach sich die Zentralbank auf die Mengensteuerung gemäß ihrer jährlichen Geldmengenziele konzentrieren und auf die Zinspolitik verzichten sollte. Die Nachfrage nach Geld stellt nach diesen Überlegungen eine Entscheidung über Vermögensanlagen dar, bei der nicht nur monetäre Titel, sondern auch Realvermögen und Humankapital miteinander konkurrieren. Die Geldnachfrage sei deshalb eine Funktion langfristiger Faktoren und lasse sich mit den kurzfristig ausgerichteten Maßnahmen der Zinspolitik nicht in gewünschtem Maße beeinflussen.[284] Diese haben demnach nur destabilisierende Nebenwirkungen zur Folge. Der Forderung, auf die diskretionäre Zinspolitik zu verzichten, wird durch die Marktbindung des Lombardsatzes nachgekommen.

6.2 Der marktgebundene Lombardsatz als Bestandteil der monetaristischen Steuerungskonzeption

Die monetaristische Geldpolitik beruht auf steuerungstechnischen Vorstellungen, die sich von jenen, mit denen in den vorangegangenen Kapiteln gearbeitet wurden, erheblich unterscheiden. Aus diesem Grund soll in diesem Abschnitt analysiert werden, wie sich die Marktbindung des Lombardsatzes in die steuerungstechnische Konzeption einer monetaristisch ausgerichteten Geldpolitk einfügt. Das Ergebnis spiegelt einen weiteren Aspekt in den strategischen Überlegungen zur Marktbindung des Lombardsatzes wider.

6.2.1 Die klassischen Refinanzierungskredite als Problem für die monetaristische Steuerungskonzeption

Die Geldbasis ist im Rahmen der monetaristischen Konzeption der Ansatzpunkt zur Steuerung der Geldmenge. Ausgangspunkt ist ein für die langfristige Perspektive postulierter Zusammenhang zwischen der Geldmenge M1 und der Geldba-

---

283 Natürlich würde dies analog auch für den Diskontsatz gelten, sofern der Rediskontkredit nicht ganz abgeschafft werden sollte, um ihn durch die Offenmarktpolitik zu ersetzen.

284 Vgl. Brunner Karl, 1970, S. 1-30

sis.[285] Dieser Zusammenhang resultiert aus den Größen, die in beiden Aggregaten vorhanden sind. Die Geldmenge M1 besteht aus dem Bargeldumlauf und den Sichteinlagen, die bei den Geschäftsbanken gehalten werden. Die Geldbasis B setzt sich zusammen aus den Einlagen, die die Kreditinstitute bei der Zentralbank halten, und dem Bargeldumlauf. Mit dem Bargeldumlauf enthalten M1 und Geldbasis demnach dieselbe Größe und das Mindestreservesoll auf Sichteinlagen verändert sich weitgehend proportional zu den Sichteinlagen, wenn die Mindestreservesatzänderungen aus der Geldbasis herausgerechnet werden.[286]

Die Steuerung der Geldbasis erfolgt auf der Entstehungsseite, die sich in erster Linie aus den Nettodevisenguthaben, der Nettoschuld der öffentlichen Haushalte bei der Zentralbank, den Wertpapieren und den Refinanzierungskrediten zusammensetzt. Aus diesen Überlegungen bilden die Monetaristen ihre Geldangebotsgleichung. Danach ist die Geldmenge M(1) gleich dem Geldangebotsmultiplikator m multipliziert mit der Geldbasis B.

$$M = m * B$$

Eine Zunahme der Geldbasis führt nach diesem Konzept zu einer proportionalen Zunahme der Geldmenge. Die Proportionalität ist durch den Geldangebotsmultiplikator bestimmt.

Aus der empirisch ermittelten langfristig hohen Korrelation zwischen Geldbasis und Geldmenge schließen die Monetaristen auf eine Konstanz des Geldangebotsmultiplikators.[287] Diese Konstanz ist auch notwendig, damit die Zentralbank die Geldmenge entsprechend ihrer Zielvorgaben steuern kann. Denn der Geldangebotsmultiplikator enthält das Verhalten der Kreditinstitute und des privaten Sektors und entzieht sich daher dem direkten Einfluß der Zentralbank.[288]

Der Geldangebotsmultiplikator läßt sich herleiten als ein Quotient, der im Zähler die Barquote k aufweist und im Nenner die Zeit- und Einlagenquote t des privaten

---

285 Vgl. Brunner/Meltzer, 1968, S. 1-37

286 Allerdings können Abweichungen zwischen der Geldbasis und der Geldmenge auftreten, wenn es im Zeitablauf zu Verschiebungen zwischen den Sicht-, Termin- und Spareinlagen der Nicht-Banken kommt. In diesem Fall entwickeln sich das Mindestreservesoll und die Sichteinlagen nicht gleichmäßig, da die Mindestreservesätze für die jeweiligen Einlagearten unterschiedlich hoch sind. Außerdem können Schwankungen der Überschußreserven, die die Kreditinstitute bei der Zentralbank halten, den Zusammenhang zwischen M1 und der Geldbasis schwächen. Vgl. Köhler, 1977, S. 362

287 Vgl etwa Willms, 1971, S. 10-27

288 Vgl. Brunner, 1973, S. 489 f

Sektors, die Mindestreservequote rr, die Überschußreservenquote re und die Refinanzierungsquote b der Kreditinstitute.[289]

m = 1+k/(rr+re-b)*(1+t)+k

Das Auftreten der Refinanzierungsquote im Geldangebotsmultiplikator macht deutlich, daß dieser u.a. vom Refinanzierungsverhalten der Kreditinstitute abhängig ist. Mit einer Zunahme der Refinanzierungsquote würde sich der Geldangebotsmultiplikator vergrößern und umgekehrt. Folglich könnten Veränderungen des Refinanzierungsverhaltens der Kreditinstitute eine Varianz des Geldangebotsmultiplikators herbeiführen und damit ein Störfaktor für die Steuerung der Geldmenge darstellen.[290] Um dieses Problem in den Griff zu bekommen, haben die Monetaristen vorgeschlagen, den Rediskontkredit ganz abzuschaffen und stattdessen die Offenmarktpolitik auszubauen. Der Lombardkredit dagegen ist nach überwiegender Auffassung der Monetaristen in seiner Funktion als Notventil am Geldmarkt zu erhalten. Allerdings sollte er an einen Marktzins gekoppelt und als Strafzins ausgestaltet sein, um seine Inanspruchnahme wirklich nur auf äußerste Notfälle zu begrenzen.[291]

6.2.2 Auswirkungen der Marktbindung des Lombardsatzes auf die Stabilität des Geldangebots

In dem vorhergehenden Abschnitt wurde aufgezeigt, daß das Ausmaß des Geldangebotsmultiplikators vom Refinanzierungsverhalten der Kreditinstitute abhängig sein kann. Schwankungen des Geldangebotsmultiplikators können aber, sofern sie für die Zentralbank nicht vorhersehbar sind, die Steuerung der Geldmenge beeinträchtigen. Deshalb soll in diesem Abschnitt untersucht werden, inwieweit durch die Marktbindung des Lombardsatzes die Abhängigkeit des Geldangebotsmultiplikators vom Refinanzierungsverhalten vermindert werden kann.

Im bisherigen System der Leitzinsfixierung reagiert die Refinanzierungsquote der Kreditinstitute sensitiv auf Änderungen des Geldmarktzinses. So erhöht sich mit einer Zunahme des Geldmarktzinses die Refinanzierungsquote der Kreditinstitute, da es bei einem fixierten Lombardsatz für die Kreditinstitute lukrativer wird, sich

---

289 Herleitung des Multiplikators siehe Anhang

290 Vgl. Siebke, 1982, S. 154

291 Vgl. Brunner/Meltzer, 1964, S. 88 f oder Friedman, 1959, S. 45 unter Berücksichtigung, daß der Rediskontkredit in den USA eine ähnliche Funktion inne hat wie der Lombardkredit in Deutschland.

über den Lombardkredit zu refinanzieren. Daraus können - wie aufgezeigt - unvorhersehbare Schwankungen des Geldangebotsmultiplikators entstehen.[292]

Durch die Marktbindung des Lombardsatzes käme es zu einer Verringerung der Zinssensitivität des Geldangebotsmultiplikators. Die Ausgestaltung des Lombardsatzes als Strafzins mit einer festen Differenz zum Tagesgeldzins führte zu einer konstanteren Refinanzierungsquote der Kreditinstitute. Änderungen des Geldmarktzinses bildeten keinen Anreiz mehr, sich verstärkt über Lombardkredite zu refinanzieren.[293] Die Marktbindung des Lombardsatzes würde deshalb die Geldsteuerungspräzision in der monetaristischen Konzeption verbessern.

6.3 Bedeutung des marktgebundenen Lombardsatzes für die geldpolitische Konzeption der Bundesbank

Die bisherigen Ausführungen des Kapitels 6 haben gezeigt, daß die Marktbindung des Lombardsatzes in mehrfacher Hinsicht monetaristischen Reformvorstellungen entgegenkommt. Der marktgebundene Lombardsatz stärkt das Prinzip der Regelbindung in der Geldpolitik, stellt einen partiellen Verzicht auf die Zinspolitik dar und erhöht die Präzision der Mengensteuerung im Rahmen der monetaristischen Geldangebotskonzeption.
Ohne tiefer in die Monetarismusdebatte einzusteigen, die den Rahmen dieser Arbeit bei weitem sprengen würde, soll in diesem Abschnitt die Bedeutung der strategischen Dimension des marktgebundenen Lombardsatzes für die geldpolitische Konzeption der Bundesbank skizziert werden.

Die geldpolitische Konzeption der Bundesbank enthält - wie in Kapitel 2 dargestellt wurde - sowohl zins- als auch mengenpolitische Instrumente. Sie orientiert sich an nominalen Geldmarktindikatoren wie den verschiedenen Zinsniveaus am Geldmarkt und am Geldmengenwachstum. Eine rein mengenpolitische Ausrichtung der Geldpolitik im monetaristischen Sinn ist nicht vorgesehen.[294] Deshalb blieben, selbst wenn der Lombardsatz an einen Marktzins gekoppelt würde, immer noch der Diskontsatz und vor allem die bedeutsamen Zinssätze der Wertpapierpensionsgeschäfte als zinspolitische Instrumente übrig. Sie sind unverzichtbar zur Beeinflussung des Kreditvergabeverhaltens der Kreditinstitute, denn wie bereits in Abschnitt 3.3.1 dargestellt wurde, ist ungewiß, ob sich liquiditätspolitische Maßnahmen allein auch entsprechend auf die Kreditexpansion auswirken.

---

292 Vgl. Gehrig, 1979, S. 268 f

293 Vgl. Gehrig, 1980, S. 47 f

294 siehe Kapitel 2

Bisher ist der Einsatz des gesamten Instrumentariums der Bundesbank auf die Beeinflussung der Bankenliquidität und nicht unmittelbar auf die Geldmenge ausgerichtet.[295]

Um den für die Zentralbank nicht vollständig zu kontrollierenden Einfluß der Kreditinstitute auf die Kreditexpansion auszuschalten, wäre der Ausbau der klassischen Offenmarktpolitik mit den Nicht-Banken notwendig. Sie ermöglicht den direkten Zugriff auf die Geldmenge, wie es in der monetaristischen Geldangebotskonzeption vorgesehen ist.[296] Außerdem müßte die Sekundärliquidität der Kreditinstitute auf null reduziert werden, was eine Veränderung bestehender Wechselkursbeziehungen im Rahmen des EWS erforderte.[297]
Ohne eine solche grundlegende Umgestaltung der Geld- und Währungspolitik kann auf die Zinspolitik und ihren diskretionären Einsatz nicht verzichtet werden. Die Zinspolitik in der gegenwärtigen Konzeption würde aber durch die Marktbindung des Lombardsatzes in besonderem Maße erschwert. Dies liegt in erster Linie an der zu erwartenden Zunahme der Zinsvolatilität, die von der Bundesbank nicht mehr in von ihr bestimmten Bandbreiten gehalten werden könnte und die durch die Verminderung der Elastizität in der Zentralbankgeldversorgung verstärkt würde.[298]

Fazit: Die Marktbindung des Lombardsatzes geht nicht konform mit der geldpolitischen Konzeption der Bundesbank, da sie die Zinspolitik als zentrales geldpolitisches Instrument schwächt. Erst durch eine grundlegende Umgestaltung der Geld- und Währungspolitik im monetaristischen Sinn mit der Offenmarktpolitik als Kerninstrument (wobei dann der Lombardsatz an den Zinssatz derjenigen Wertpapiere gekoppelt werden müßte, die in die Offenmarktgeschäfte einbezogen werden sollen) käme auch die strategische Dimension eines marktgebundenen Lombardsatzes zur Geltung. In der bestehenden Konzeption der Bundesbank ist der marktgebundene Lombardsatz dagegen ein Fremdkörper.

---

295 Vgl. Köhler, 1978, S. 20 und Siebke, 1982, S. 148
b296 Kritiker einer solchen Umgestaltung bezweifeln daß der deutsche Kapitalmarkt über eine ausreichende Breite und Tiefe verfügt, um diese Form der Offenmarktpolitik ohne unerwünschte Nebenwirkungen durchzuführen. Vgl. Duwendag, u.a., 1985, S. 59 f und Rohde, 1985, S. 37 f.
297 Vgl. Oberhauser, 1977, S. 216 f
298 Vgl. dazu die Abschnitte 5.2.2 und 5.2.3

7 ERFAHRUNGEN MIT MARKTGEBUNDENEN LEITZINSEN IM AUSLAND

In zwei Ländern sind in der Vergangenheit Erfahrungen mit einem marktgebundenen Zentralbankzins gemacht worden, wie er in dieser Arbeit untersucht worden ist: in der Schweiz und in Kanada. In Kanada wurde während der Jahre 1956 und 1962 die sogenannte "bank rate" an den durchschnittlichen Zinssatz für Schatzwechsel gekoppelt. In der Schweiz wird seit 1989 der Lombardsatz an den Durchschnitt der Tagegeldsätze der beiden vorangegangenen Tage gebunden. In beiden Fällen wurde der Zentralbankzins als Strafzins ausgestaltet, indem zwischen ihm und dem Referenzzins ein Abstand festgelegt wurde.

Das Ziel dieses Kapitels besteht darin, aus den Erfahrungen in beiden Ländern Rückschlüsse für die Überlegungen in den vorangegangenen Kapiteln zu erhalten. Zum besseren Verständnis wird jeweils kurz auf das monetäre System in beiden Ländern eingegangen.

Anzumerken ist, daß man es sowohl in Kanada als auch in der Schweiz mit dem in dieser Arbeit untersuchten Fall der Marktbindung eines Refinanzierungszinses zu tun hat. Aus diesem Grund gelten die in diesem Kapitel dargestellten Erfahrungswerte nicht für den Vorschlag, den Lombardsatz an einen Pensionssatz für Wertpapierpensionsgeschäfte zu koppeln. Ein solches Instrumentarium wurde im Ausland bisher noch nicht eingeführt.

7.1 Erfahrungen mit der flexiblen "bank rate" in Kanada

7.1.1 Das monetäre System vor 1956

Die Geldpolitik der Kanadischen Zentralbank fußte vor 1956 in erster Linie auf den Instrumenten der klassischen Offenmarktpolitik, der Mindestreservepolitik und der Diskontpolitik mit der "bank rate" als zinspolitischem Hebel. Der Rediskontkredit in Kanada hatte eine lender of last resort Funktion inne wie der Lombardkredit in Deutschland. Von herausgehobener Bedeutung für die Geldpolitik Kanadas war die Offenmarktpolitik. Mit ihr wurde hauptsächlich operiert, um das Geldangebot zu steuern und allzu starke Zinsschwankungen an den Geld- und Kapitalmärkten zu vermeiden.[299] Die Inanspruchnahme von Rediskontkrediten fiel über viele Jahre hinweg recht unbedeutend aus. Dies hatte mehrere Gründe. Die Mindestreserveberechnung basierte auf dem Einlagen-Durchschnitt der vier

---

299 Vgl. Hood, 1959, S. 11 f und Binhammer, 1969, S. 230 f

Mittwoche des vorangegangenen Monats und nicht auf den Einlagen des gegenwärtigen Monats. Diese Ausgestaltung der Mindestreserveerfordernisse ließ den Geschäftsbanken einen großen Spielraum bei ihrer Liquiditätsplanung, was die Gefahr von Engpässen verminderte. Außerdem war die Zentralbank sehr häufig bereit, größere Liquiditätsengpässe mit Hilfe von Offenmarktoperationen auszugleichen, so daß die Geschäftsbanken kaum einmal auf den teureren und mit einer offiziellen Meldung verbundenen Rediskontkredit angewiesen waren.[300] Diese Bereitschaft zur Alimentierung hatte ihre Ursache in der spezifischen Struktur des Marktes für Schatzwechsel. Auf dem Markt für Schatzwechhatzwechsel beschafften sich die Kreditinstitute die Liquidität, die sie zur Erfüllung der Mindestreserveanforderungen benötigten. Nichtbanken spielten auf diesem Markt nur eine untergeordnete Rolle, so daß die Kundenstruktur eine recht enge Basis aufwies. Entsprechend sensitiv reagierten die Zinssätze für Schatzwechsel, wenn sich das Bankensystem in Kanada in einem Liquiditätsengpaß befand. Um allzu große Zinsschwankungen zu vermeiden, griff die Kanadische Zentralbank deshalb immer wieder auf diesem Markt mit Offenmarktoperationen ein.[301]

Dies änderte sich erst im Jahre 1954, als mit Unterstützung der Zentralbank die Entwicklung effektiverer Geldmärkte durch Ausweitung des Geldmarkthandels Fortschritte gemacht hatte. Fortan verzichtete die Kanadische Zentralbank immer häufiger auf Ausgleichsmaßnahmen bei Liquiditätsengpässen und überließ die Refinanzierung der Kreditinstitute den Finanzmärkten. Die Folge war, daß die Kreditinstitute begannen, verstärkt auf den Rediskonkredit als Refinanzierungsquelle zurückzugreifen. Seine Bedeutung als Kostenfaktor im Rahmen der Gesamtrefinanzierung stieg stark an.[302] Auf diese Weise wurde der "bank rate" sowohl auf den Finanzmärkten als auch in der Öffentlichkeit eine immer größere Bedeutung zugemessen. Die mehrfachen Diskontsatzanhebungen, die die Kanadische Zentralbank zwischen 1955 und 1956 durchführte, wurden daher mit großer Aufmerksamkeit verfolgt.[303]

---

300 Vgl. Johnston, 1966, S. 20

301 Vgl. Wilson, 1958, S. 19 f

302 Vgl. Johnston, 1966, S. 24

303 Vgl. Binhammer, 1969, S. 550 und Johnston, 1966, S. 31

7.1.2 Die Einführung der floatenden "Bank rate" in Kanada

Im November 1956 führte die Kanadische Zentralbank die floatende "bank rate" ein. Die "bank rate" wurde an den Satz für Schatzwechsel gebunden. Um ihr einen Strafzinscharakter zu verleihen, erhöhte sich die Differenz der "bank rate" auf jedes Prozent des Schatzwechselsatzes um 1/4 Prozent.[304]

Eine der wichtigsten Gründe für die Abschaffung der fixen "bank rate" lag in dem Bestreben der Kanadischen Zentralbank, die technische Performance des Schatzwechselmarktes zu erhöhen. Eine Verbesserung der Funktion des Schatzwechselmarktes hatte für die Kanadische Zentralbank eine hohe Priorität, weil auch nach Schaffung effektiverer Geldmärkte der Schatzwechselmarkt weiterhin eine große Zinssensitivität aufwies.[305] Um dieses Ziel zu erreichen, sollte die Unsicherheit auf dem Schatzwechselmarkt beseitigt werden, die durch die diskretionären Änderungen der "bank rate" hervorgerufen wurden. Diese Unsicherheit resultierte aus den Signalwirkungen, die eine neue Festlegung der "bank rate" für die Erwartungen über die zukünftige Geldpolitik mit sich brachte.[306] Zudem sollte es die Flexibilisierung der Zentralbank erleichtern, den Strafzinscharakter der "bank rate" aufrechtzuerhalten, ohne auf die allgemeine Zinsentwicklung und die Signalwirkungen Rücksicht nehmen zu müssen.[307] Davon versprach man sich eine verbesserte Steuerung des Geldangebots.

Eine wichtige Rolle für die Entscheidung der Kanadischen Zentralbank spielte auch der politische Druck, dem sie sich zwischen 1954 und 1956 ausgesetzt sah. In der Öffentlichkeit stieß die hohe Zahl von sieben Anhebungen der "bank rate" in diesem Zeitraum auf Unverständnis, obwohl es sich lediglich um technische Anpassungen an die allgemeine Zinsentwicklung handelte. Auslösend für die Kritik dürfte gewesen sein, daß sich die Kanadische Wirtschaft im Abschwung befand und die Arbeitslosigkeit hoch war. Diese Kritik wurde noch durch die Kanadische Regierung verschärft, die sich in einer schwierigen Haushaltslage über eine Zunahme der Zinskosten der Staatsverschuldung beklagte.[308]

---

304 Vgl. Bank of Canada, 1962, S. 69
305 Vgl. Johnston, 1966, S. 30 f
306 Vgl. Binhammer, 1969, S. 241 f
307 Vgl. Bank of Canada, 1962, S. 72
308 Vgl. Binhammer, 1969, S. 550

7.1.3 Erfahrungen mit der floatenden "bank rate" zwischen 1956 und 1962

Mit der Einführung der flexiblen "bank rate" war die Hoffnung verbunden, die Unsicherheiten an den Finanzmärkten abzubauen, die aus der diskretionären Fixierung durch die Kanadische Zentralbank resultierten. Tatsächlich aber kam es nach der Flexibilisierung keineswegs zu einer Stabilisierung der Finanzmärkte. Die Unsicherheit über die diskretionäre Zinspolitik wurde lediglich abgelöst durch jene über den geldpolitischen Kurs der Zentralbank.
Nach einer erheblichen Ausweitung des Geldangebots im Jahre 1958 hielt die Kanadische Zentralbank im darauffolgenden Jahr das Geldangebot weitgehend konstant, obwohl die Kreditvergabe der Kreditinstitute bereits im Frühjahr beträchtlich zunahm. Im August zog die Nachfrage nach Bankkrediten plötzlich noch einmal an, ohne daß die Zentralbank reagierte. Die Kreditinstitute versuchten, die erhöhte Kreditnachfrage durch die Abgabe von Schatzwechseln zu refinanzieren, deren Zinssätze entsprechend rasch anzogen. Diese Entwicklung gab Anlaß zu Vermutungen, die Kanadische Zentralbank wolle ihren geldpolitischen Kurs verschärfen. Es kam zu einem weiteren Anstieg der Zinssätze an den Geldmärkten, da die Kreditinstitute in Erwartung zukünftig höherer Zinssätze begannen, sich auf Vorrat zu refinanzieren. Die Kanadische Zentralbank entschied sich schließlich, die erhöhte Kreditnachfrage der Nicht-Banken durch das Ankaufen von Schatzwechseln zu alimentieren, um auf diese Weise eine Stabilisierung des Zinsniveaus herbeizuführen. Dies bedeutete aber auch, daß sie das Geldangebot entgegen ihrer ursprünglichen Intention ausweiten mußte. Die Erwartung, durch die Flexibilisierung der "bank rate" das Geldangebot besser steuern können, erfüllte sich damit nicht.[309]

Zu Turbulenzen kam es im vierten Quartal 1960. In den ersten drei Quartalen dieses Jahres hielt die Kanadische Zentralbank das Geldangebot relativ konstant, ehe sie es im Oktober stark ausweitete. Mit dieser Maßnahme wollte sie einem sich abzeichnenden Konjunkturabschwung entgegenwirken. Diese expansive Maßnahme führte zu einer kräftigen Verringerung des Zinssatzes für Schatzwechsel. Die Banken und die Öffentlichkeit interpretierten diese Entwicklung dahingehend, daß die Zentralbank einen Kurswechsel in ihrer Geldpolitik vorgenommen habe und sie folglich auch längerfristig mit "billigem Geld" kalkulieren könnten. Genau das Gegenteil trat aber ein. Bereits im November und noch ausgeprägter im Dezember zog der Zinssatz für Schatzwechsel bis auf 3.95 % an. Dies bedeutete eine Verdopplung im Vergleich zum Oktober. Verschärft wurde die Zinssituation dadurch, daß die Banken von der knappen Liquidität an den Geldmärkten überrascht wurden und Probleme hatten, ihren Mindestreserveverpflichtungen nach-

---

309 Vgl. Bank of Canada, 1959, S. 35-37 und Johnston, 1966, S. 38 f

zukommen. Sie verkauften daher große Teile ihrer Schatzwechselbestände.[310] Der Grund für diese abrupten Zinssteigerungen lag in einer Verminderung des Geldangebots durch die Zentralbank. Warum die Kanadischen Zentralbank einen solch abrupten Wechsel vollzog, blieb weithin unklar. Eine eindeutige Stellungnahme der Zentralbank erfolgte nicht.[311]

Abbildung 10: Die Zinsentwicklung am kanadischen Schatzwechselmarkt zwischen 1954 und 1963

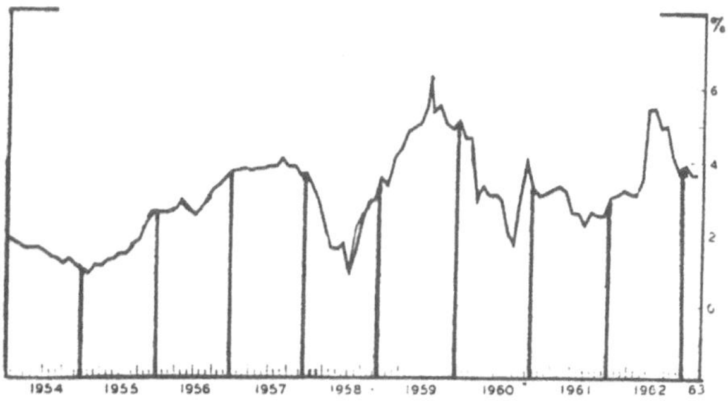

Alle Angaben als Monatsdurchschnitte.
Referenzzins ist der Zinssatz für
91.tägige Schatzwechsel.

Quelle: Bank of Canada,
Geschäftsbericht für das Jahr 1962, S.37

Die Banken reagierten nach diesem zweiten Vorfall mit Forderungen nach besseren Informationen über die Geldpolitik und einer verstärkten Kontrolle der Zinsschwankungen auf den monetären Märkten.[312] Daß die Hoffnungen auf eine Verminderung der Unsicherheit auf den Finanzmärkten nach Abschaffung der diskretionären "bank rate-Fixierung" enttäuscht wurden, ließ sich schon nach dem

---

310 Vgl. Binhammer, 1969, S. 551 und Johnston, 1966, S. 39 f

311 In dem Report der Royal Commission on Banking and Finance wurde vermutet, die Zentralbank könnte mit dieser Maßnahme einen Versuch unternommen haben, die Geldkapitalbildung gegenüber der Kreditexpansion zu stärken. Vgl. Royal Commission on Banking and Finance, Report, S. 464 f

312 Vgl. Bank of Montreal, 1960, S. 17 f

überraschenden Zinsanstieg im Jahre 1959 ersehen, als die Banken begannen, ihre Überschußreserven aufzustocken.[313] Die Rückkehr zu der fixierten "bank rate" rückte wieder in den Mittelpunkt der Diskussion, da deren Signalwirkungen für den Kurs der Geldpolitik und ihre Funktion als Zinsobergrenze vermißt wurden. Letzteres wird besonders in einem Statement der Kanadischen Zentralbank aus dem Jahre 1962 nach Abschaffung der floatenden "bank rate" deutlich:" The principal advantage of a fixed bank rate over a flexible Bank rate lies in the element of stability that it can give to money market rates by tentatively placing an upper limit on their movement."[314]

Einige Befürworter der floatenden "bank rate" wiesen aber zurecht daraufhin, daß die Unsicherheiten auf den Finanzmärten auch ohne Leitzinsfixierung hätten vermindert werden können, wenn die Verantwortlichen der Kanadischen Zentralbank ihre Geldpolitik durch eindeutigere Stellungnahmen für die Marktakteure und die Öffentlichkeit transparenter gemacht hätten.[315]

Die Erwartung, daß sich die Zentralbank durch die Flexibilisierung der "bank rate" dem politischen Druck einer restriktiven Geldpolitik eher entziehen könnte, weil sich die Zinsentwicklung aus dem Marktgeschehen ergeben würde, erfüllten sich nicht. Als die Kanadische Zentralbank Mitte 1958 ihre Geldpolitik verschärfte und das Zinsniveau nicht zuletzt wegen der fehlenden Zinsobergrenze an den Geldmärkten erheblich zunahm, geriet sie unter starken öffentlichen Druck. Sowohl auf seiten der Kanadischen Regierung als auch in der Presse wurde Unverständnis darüber geäußert, daß die Zentralbank in einer Phase hoher Arbeitslosigkeit ein solch hohes Zinsniveau zulasse. Die Zentralbank wurde in diesen Stellungnahmen trotz der frei gegebenen "bank rate" für das hohe Zinsniveau verantwortlich gemacht.[316]

Beendet wurde die Phase der floatenden "bank rate" im Mai 1962, als sich der Kanadische Dollar seit mehr als einem Jahr unter starkem Abwertungsdruck gegenüber dem US-Dollar befand. In diesem Zusammenhang wurde voneiner Währungskrise in Kanada gesprochen, da die Währungsreserven der Kanadischen Zentralbank dramatisch abnahmen.
Zu dem Verfall des Kanadischen Dollars hatten eine Reihe nicht-ökonomischer Faktoren wesentlich beigetragen, wie politische Instabilität, eine Affäre um den Zentralbankchef sowie verstärkt auftretende Aversionen in der Bevölkerung

313 Vgl. Johnston, 1966, S. 41
314 Vgl. Bank of Canada, 1962 S. 72 f
315 Vgl. Royal Commission on Banking and Finance, Report, S. 464 und S. 524 sowie Johnston, 1966, S. 42
316 Vgl. Binhammer, 1969, S. 550 f und Johnston, 1966, S. 43 f

gegenüber ausländischen Investoren, die einen langfristigen Abfluß von Kapital aus Kanada bewirkten.[317] Um diese Situation unter Kontrolle zu bekommen, führten Regierung und Zentralbank eine Reihe von Maßnahmen durch, wozu auch die Fixierung der "bank rate" gehörte.[318] Die "bank rate" wurde auf 6 % angehoben, um den Marktakteuren an den Devisenmärkten deutlich zu machen, daß die Zentralbank alles tun würde, um den Außenwert der Kanadischen Währung zu verteidigen. Die Verantwortlichen der Zentralbank gingen davon aus, daß eine Veränderung des Zinsdifferentials gegenüber den US-Zinsen allein nicht ausreichen würde, den Kanadischen Dollar zu festigen. Dies wäre auch mit einer floatenden "bank rate" möglich gewesen. Stattdessen hoffte man, durch die Signalwirkung der Leitzinserhöhung zusätzlich Einfluß auf die Erwartungsbildung an den Devisenmärkten zu gewinnen, die - wie in der Empirie häufig zu beobachten ist - eine sehr bedeutsame Rolle für die Entwicklung der Wechselkurse spielt.[319]

Die Erfahrungen mit der floatenden "bank rate" machen deutlich, daß für ihre Abschaffung neben der Wechselkurskrise auch die gewachsene Instabilität an den inländischen Finanzmärkten und die Kritik an dem Verlauf der Geldpolitik in diesem Zeitabschnitt verantwortlich waren.

7.2 Erfahrungen mit dem flexiblen Lombardsatz in der Schweiz

7.2 1 Das geldpolitische System der Schweiz

Das wichtigste geldpolitische Instrument der Schweizer Nationalbank sind die kursgesicherten Devisenan- und -verkäufe, die Devisenswaps. Mit ihnen versucht sie, durch Injektion oder Absorption von Zentralbankgeld ihr Geldmengenziel zu erreichen. Außerdem setzt die Nationalbank die Liquiditätszu- oder -abflüsse aus Devisenmarktinterventionen gezielt auch zur Steuerung der Geldmenge ein, sofern diese Liquiditätsströme mit dem Geldmengenziel konform laufen.[320]
Die Refinanzierungskredite sind liquiditätspolitisch nur von untergeordneter Bedeutung. Die den Kreditinstituten eingeräumten Rediskontkontingente werden weitgehend ausgeschöpft, da der Diskontsatz unter dem Niveau der Geldmarktzinsen fixiert wird.[321] Dem Lombardkredit kommt die Funktion als Notventil am Geldmarkt zur Überbrückung kurzfristiger Liquiditätsengpässe zu. Vor der

---

317 Vgl. Binhammer, 1964, S. 642 f

318 Vgl. Bank of Canada, 1962, S. 3 f und Binhammer, 1964, S. 650 f

319 Vgl. Bank of Canada, 1962, S. 4 f und Johnston, 1966, S. 45

320 Vgl. Duwendag, 1977, S. 67 und Hoffmann, 1990, S. 3 f

321 Vgl. Schweizer Nationalbank, 82. Geschäftsbericht, 1989, S. 55

Marktbindung des Lombardsatzes im Jahre 1989 wurde versucht, den Lombardsatz durch diskretionäre Anpassung kontinuierlich über dem Niveau der Geldmarktzinsen zu halten, um seinen Ausnahmecharakter für die Refinanzierung sicherzustellen.
Der Lombardkredit ist die einzige Kreditfazilität für die Schweizer Geschäftsbanken, bei der sie sich über die Rediskontkontingente hinaus auf eigene Initiative Zentralbankgeld verschaffen können. Allerdings wird auch die Inanspruchnahme von Lombardkrediten von der Nationalbank durch Kontingente begrenzt.[322]
Die klassische Offenmarktpolitik wird von der Nationalbank nur in sehr geringem Umfang durchgeführt; sie spielt derzeit keine Rolle.[323]

Die Schweizer Nationalbank setzt nach eigenen Stellungnahmen bei ihrer Geldpolitik in erster Linie auf die Mengensteuerung. Als Zwischenziel wird ein jährlich fixiertes Wachstum der Notenbankgeldmenge anvisiert. Die Zinssätze müssen bei dieser Strategie variabel sein, um sie den Marktbedingungen möglichst rasch anzupassen.[324] Analysiert man jedoch die praktische Geldpolitik der Nationalbank, so wird deutlich, daß der Diskont- und Lombardsatz sehr wohl auch als zinspolitische Instrumente eingesetzt worden sind.[325] Zwar wurden mit den Zentralbankzinsen keine eigenständigen Zinsziele verfolgt, die Nationalbank setzte sie aber unterstützend zur Erreichung des Geldmengenziels oder aber auch von Wechselkurszielen ein. Von einer lediglich passiven Anpassung der Zentralbankzinsen an die Marktentwicklung kann keine Rede sein.[326]

7.2.2 Einführung des flexiblen Lombardsatzes

Am 26. Mai 1989 führte die Nationalbank den flexiblen Lombardsatz ein. Der Lombardsatz wird täglich um einen festen Prozentsatz über dem Durchschnitt der Tagesgeldsätze der beiden Vortage fixiert. Der Aufschlag betrug zunächst einen Prozentpunkt, wurde aber am 14. Dezember desselben Jahres auf zwei Prozentpunkte erhöht.[327]

---

322 Vgl. Schweizer Nationalbank, 1989, S. 175 und 177

323 Vgl. Hoffmann, 1990, S. 3 f

324 Vgl. Schweizer Nationalbank, 1989, S. 175 und Schweizer Nationalbank, 82. Geschäftsbericht, 1989, S. 8

325 So erhöhte die Nationalbank den Diskontsatz schrittweise im Jahre 1989 von 3,5 % auf 6 %. Als Begründung gab sie neben der Schwäche des Frankens die Sorge vor einem inflationierendem Wirtschaftswachstum an. Vgl. Schweizer Nationalbank, 82. Geschäftsbericht, 1989, S. 11

326 Zur Analyse der Geldpolitik der Nationalbank vergleiche auch Duwendag, 1977, S. 73 f

327 Vgl. Schweizer Nationalbank, Monatsbericht vom Mai 1989, S. 3

Als wichtigsten Grund für die Einführung des floatenden Lombardsatzes gab die Nationalbank an, die kurzfristigen Schwankungen der Geldnachfrage vermindern zu wollen. Die Ursache für diese Nachfrageschwankungen lag in den ständigen Veränderungen des Tagesgeldsatzes und anderer Geldmarktsätze zum fixierten Lombardsatz. Je geringer die Abstände der Geldmarktsätze zum Lombardsatz wurden, desto stärker wuchs die Inanspruchnahme von Lombardkrediten durch die Geschäftsbanken. Die dem Lombardkredit zugedachte Funktion als Notventil am Geldmarkt wurde in diesen Fällen nach Ansicht der Nationalbank häufig überschritten. Auch die bestehenden Lombardlimite boten nach Auffassung der Nationalbank keine ausreichenden Voraussetzungen für die gewünschte Präzision bei der Mengensteuerung.[328]

Außerdem mußte die Nationalbank von Fall zu Fall entscheiden, ob sie alimentierend eingreifen oder aber eine wenigstens kurzfristige Illiquidität jener Banken riskieren wollte, die ihre Lombardlimite voll ausgeschöpft hatten und dennoch ihren täglichen Zahlungsverpflichtungen nicht nachkommen konnten. Greift die Nationalbank in einer solchen Situation alimentierend ein, so besteht die Gefahr eines Gewöhnungseffektes, der die Banken dazu veranlassen könnte, dauerhaft ihre Überschußreserven zu reduzieren, um Kosten zu sparen. Dies hätte die Durchführung der Mengensteuerung erheblich stören können. Verzichtet die Nationalbank auf Ausgleichsmaßnahmen, riskierte sie eine Liquiditätskrise im Bankensystem mit negativen Folgen für dessen Funktionstüchtigkeit.[329]

Mit Hilfe des flexiblen und als Strafzins ausgestalteten Lombardsatzes wollte die Nationalbank sicherstellen, daß die Kostenrelation der Lombardkredite zu laufzeitäquivalenten Geldmarktkrediten unabhängig von der jeweiligen Zinsentwicklung konstant bleibt. Sie erhoffte sich davon, daß die Banken ihre Liquiditätsplanung vorsichtiger gestalten und mehr Überschußreserven halten. Die diskretionäre Alimentierung von Liquiditätsengpässen sollte auf diese Weise überflüssig werden.[330] In diesem Zusammenhang hat die Flexibilisierung des Lombardsatzes auch eine strategische Dimension, wie sie in Kapitel 6 diskutiert wurde. Zwar verfolgt die Schweizer Nationalbank keine Geldpolitik im streng monetaristischen Sinne, doch kommt die Flexibilisierung des Lombardsatzes ihrer strategischen Ausrichtung entgegen, die Geldmenge nach mittelfristigen Vorgaben und möglichst regelmäßig auszuweiten. Ein flexibler Lombardsatz paßt sich automatisch an die Marktbedingungen an und trägt deshalb dazu bei, die Liquiditätsnachfrage mit dem durch die Zentralbank bereitgestellten Geldangebot in Übereinstimmung zu bringen. Mit dieser mengenpolitischen Strategie will die Nationalbank eine inflationsfreie Entwicklung der schweizerischen Wirtschaft gewährleisten und der

---

328 Vgl. Schweizer Nationalbank, 82. Geschäftsbericht, 1989, S. 10

329 Vgl. Schweizer Nationalbank, 1989, S. 175

330 Vgl. Schweizer Nationalbank, 82. Geschäftsbericht, 1989, S. 10

Gefahr entgehen, durch häufige diskretionäre Maßnahmen Konjunkturschwankungen selbst auszulösen.[331]

Im Januar 1988 wurden kurz vor der Flexibilisierung des Lombardsatzes neue Liquiditätsvorschriften und ein neues elektronisches Interbanken-Zahlungsverkehrssystem, das SIC (Swiss Interbank Clearing), eingeführt.[332] Beide Maßnahmen erleichterten der Nationalbank die Entscheidung zugunsten eines floatenden Lombardsatzes.

Die neuen Liquiditätsvorschriften fordern von den Geschäftsbanken, daß die Kassenliquidität im Monatsdurchschnitt einen bestimmten Prozentsatz der Verbindlichkeiten beträgt. In der Vergangenheit mußten die Geschäftsbanken ihren Liquiditätsausweis für einen bestimmten Stichtag erstellen. Dies führte an den Monatsenden zu starken Ultimoschwankungen der Giroguthaben und der kurzfristigen Zinssätze auf dem Geldmarkt, weil die Geschäftsbanken am Stichtag bemüht waren, ihren Liquiditätsbestand möglichst vorteilhaft auszuweisen. Diese Ultimoschwankungen sollten mit den neuen Liquiditätsvorschriften beseitigt werden.
Zudem werden die Verbindlichkeiten der Banken, die als Bemessungsgrundlage für die Reserveerfordernisse herangezogen werden, als Durchschnitt der letzten drei Monatsendwerte vor der Reserveperiode berechnet. Auf diese Weise ist zu Beginn einer jeden Reserveperiode den Banken bereits die genaue Höhe der geforderten Kassenliquidität bekannt. Die Banken haben somit die Möglichkeit, eine verläßlichere Liquiditätsplanung vorzunehmen, was ebenfalls zu einer gleichmäßigeren Liquiditätsnachfrage der Banken führen soll.[333]
Aufgrund der neuen Liquiditätsvorschriften erwartete die Nationalbank, daß sich die Ultimospitzen am Geldmarkt glätten,[334] so daß die lender of last resort Funktion des Lombardkredits an Bedeutung verliert. Das Problem erhöhter Zinsschwankungen am Geldmarkt bei einem floatenden Lombardsatz wäre auf diese Weise gemildert.

Das neue elektronische Interbanken-Zahlungsverkehrssystem ermöglicht es den Banken, sich jederzeit über ihre Kontosituation zu informieren, während sie diese vorher immer erst am Tagesabschluß erfahren konnten. Die Banken sind seither in der Lage, ihre kurzfristige Liquiditätsplanung exakter durchzuführen und sich vor

331 Vgl. Schweizer Nationalbank, 84. Geschäftsbericht, 1991, S. 8 und Schweizer Nationalbank, 1989, S. 175 f

332 Vgl. Schweizer Nationalbank, 81. Geschäftsbericht, 1988, 8 f

333 Vgl. Graf, 1993, S. 4 f

334 Vgl. Schweizer Nationalbank, 81. Geschäftsbericht, 1988, S. 9

unerwarteten Liquiditätsengpässen im Tagesgeschäft besser zu schützen.[335] Das SIC trägt deshalb gleichfalls dazu bei, die Notwendigkeit der Inanspruchnahme von Lombardkrediten zu vermindern.

Neben technischen und strategischen Gründen spielten bei der Einführung des flexiblen Lombardsatzes auch wechselkurspolitische Überlegungen eine Rolle. Mit Beginn des Jahres 1988 stand der Schweizer Franken unter starkem Abwertungsdruck gegenüber den wichtigsten Leitwährungen.[336] Die Ursache hierfür bestand in einem starken Liquiditätsüberhang auf dem Schweizer Geldmarkt, der seine Ursachen in einer Liquiditätszufuhr durch die Nationalbank im Anschluß an den Börsencrash von 1987 hatte, sowie in der Einführung der neuen Liquiditätsvorschriften und des SIC. Die neuen Liquiditätsvorschriften und das SIC machen die Liquiditätsplanung für die Geschäftsbanken vorauschaubarer, so daß sie weniger Überschußreserven benötigen.[337] Zudem wurde der Unterlegungssatz für die erforderlichen Liquiditätsreserven gesenkt. Beide Maßnahmen verringerten den Liquiditätsbedarf der Geschäftsbanken und trugen so zum Überhang auf dem Geldmarkt bei.[338] Die Zinsdifferenz zur D-Mark und zu anderen bedeutsamen Währungen vergrößerte sich in diesem Zeitraum erheblich.[339] Mit einem flexiblen Lombardsatz hoffte die Nationalbank, den Zinsabstand zum Ausland wieder verringern zu können.

7.2.3 Erfahrungen mit dem flexiblen Lombardsatz

Nach Einführung des floatenden Lombardsatzes kam es tatsächlich zu einer Stabilisierung der Geldnachfrage durch eine verminderte Inanspruchnahme von Lombardkrediten.[340] Dies wurde bereits im zweiten Halbjahr 1989 spürbar und setzte sich auch in den Folgejahren fort. So wurden im Jahresdurchschnitt 1990

---

335 Vgl. Schweizer Nationalbank, 81. Geschäftsbericht, 1988, S. 9

336 Vgl. Abbildung 14

337 An dieser Stelle tut sich ein Widerspruch für die Geldpolitik der Nationalbank auf: Einerseits will sie mit Hilfe eines flexiblen Lombardsatzes die Liquiditätsnachfrage stabilisieren, indem die Kreditinstitute gezwungen werden sollen, höhere Bestände an Überschußreserven zu halten. Auf der anderen Seite tragen die liquiditätspolitischen Veränderungen und das neue Zahlungssystem aber gerade zu deren Verknappung bei. Dies ließe die Schlußfolgerung zu, daß der flexible Lombardsatz als Ausgleichsmaßnahme für eine erwartete Destabilisierung der Liquiditätsnachfrage gedacht ist. Die Zinsschwankungen am Geldmarkt könnten unter diesen Umständen aber besonders heftig ausfallen, da nun die Zinsobergrenze am Geldmarkt entfallen ist.

338 Vgl. Schweizer Nationalbank, 82. Geschäftsbericht, 1989, S. 43 und 81. Geschäftsbericht, 1988, S. 8

339 Vgl. Schweizer Nationalbank, Monatsbericht vom Januar 1990, S. 39

340 Vgl. Schweizer Nationalbank, 82. Geschäftsbericht, 1989, S. 10

von den Geschäftsbanken Lombardkredite in Höhe von nur noch 33,0 Mio Franken beansprucht, während dies 1989 noch 67,2 Mio Franken waren.[341] Im Jahre 1991 verringerte sich das durchschnittliche Volumen der Lombardkredite weiter auf 24,7 Mio Franken.[342] Auch die starke Nachfrage nach Lombardkrediten zum Monats- und Jahresultimo ging erheblich zurück.[343] Trotz dieser aus Sicht der Nationalbank positiven Entwicklung kam es auch nach der Flexibilisierung des Lombardsatzes im Schweizer Bankensystem kurzfristig zum Teil zu erheblichen Liquiditätsengpässen, bei denen die Lombardlimite von einzelnen Geschäftsbanken vollständig ausgeschöpft wurden. Zu dieser Entwicklung mag beigetragen haben, daß die Geschäftsbanken im Zuge der neuen Liquiditätsvorschriften und des verbesserten Interbanken-Zahlungsverkehrssystems ihre Überschußreserven reduzierten. Diese Verringerung der Überschußreserven wurde nicht dadurch ausgeglichen, daß die Geschäftsbanken sie nach der Flexibilisierung des Lombardsatzes vorübergehend wieder etwas aufstockten.[344] Es traten Schwierigkeiten im Interbanken-Zahlungsverkehr auf[345], die ohne die Liquiditätszufuhr durch die Nationalbank zu einer Kettenreaktion im SIC und damit zu einer Vertrauenskrise im Bankensystem hätten führen können. Dieser Zwang zur Liquiditätszufuhr aber erschwerte es der Nationalbank, ihre Politik einer möglichst gleichmäßigen Mengensteuerung durchzuführen.[346] Neben den wechselkurspolitischen Überlegungen war dieses Problem ausschlaggebend dafür, daß die Nationalbank im Dezember 1989 den Abstand des floatenden Lombardsatzes von ein auf zwei Prozentpunkte erhöhte. Mit dieser Maßnahme sollten die Geschäftsbanken veranlaßt werden, ihre Bemühungen um eine vorsichtigere Liquiditätsplanung noch weiter zu verstärken.[347] Dennoch kam es auch in der Folgezeit vereinzelt zu Anspannungen auf dem Geldmarkt, was sich auch in einer Zunahme der Volatilität der Geldmarktzinsen niederschlug.[348]

Das aus strategischen Gründen verfolgte Ziel, durch die Flexibilisierung des Lombardsatzes die Stabilität der Geldnachfrage zu erhöhen, wurde zwar insgesamt erreicht. Dennoch muß die Nationalbank auch weiterhin bei überraschenden

---

341 Vgl. Schweizer Nationalbank, 83. Geschäftsbericht, 1990, S. 56

342 Vgl. Schweizer Nationalbank, 84. Geschäftsbericht, 1991, S. 58

343 Vgl. Schweizer Nationalbank, 83. Geschäftsbericht 1990, S. 40

344 Zwar erhöhten die Geschäftsbanken nach Einführung des flexiblen Lombardsatzes im Mai ihre Giroguthaben um rund 300 Mio Franken gegenüber dem Vormonat April, dennoch bauten sie per saldo ihre Liquiditätsreserven seit 1989 ab. Vgl. Schweizer Nationalbank, Monatsbericht für Mai 1989, S. 3

345 Vgl. Schweizer Nationalbank, 82. Geschäftsbericht, 1989, S. 10

346 Vgl. Schweizer Nationalbank, 1989, S. 177

347 Vgl. Schweizer Nationalbank, 82. Geschäftsbericht, 1989, S. 10. Wie bereits ausgeführt, dürften bei dieser Entscheidung der Nationalbank auch wechselkurspolitische Überlegungen eine Rolle gespielt haben.

348 Vgl. Schweizer Nationalbank, Herbstpressegespräch von 1990

Engpässen am Geldmarkt diskretionär eingreifen, so daß es ihr auch in Zukunft schwer fallen wird, ihr Konzept einer gleichmäßigen Ausweitung der Notenbankgeldmenge ungestört zu verwirklichen.[349]
Die beobachtete Zunahme der Zinsvolatilität am Geldmarkt dürfte u.a. auf den Wegfall einer Zinsobergrenze nach der Flexibilisierung des Lombardsatzes zurückzuführen sein. In Phasen einer restriktiven Geldpolitik besteht die Gefahr der in Kapitel 5 skizzierten Zinssteigerungsprozesse. Der starke Anstieg des Zinsniveaus auf über 9 % zu Beginn des Jahres 1990 sowie im Sommer 1992[350] wäre ohne die Marktbindung des Lombardsatzes wohl nicht erreicht worden. Insofern ist zu konstatieren, daß die Nationalbank die erhöhte Stabilität der Geldnachfrage nur auf Kosten der Zinsstabilität am Geldmarkt erlangt hat.

Die Zunahme der Zinsvolatilität am Geldmarkt blieb nicht ohne Auswirkungen auf die Kapitalmärkte. Die Durchschnittsrendite der schweizer Bundesobligationen stieg Anfang 1990 zeitgleich mit den Geldmarktzinsen auf über 6 % bis Mitte Januar an. Ein Jahr vorher hatte sie noch bei 4,1 % gelegen. Im Einklang mit der Zinsentwicklung auf den Geld- und Kapitalmärkten erhöhten die Geschäftsbanken ihre Sätze für Kassenobligationen auf rund 7 %. Ausschlaggebend für die schnelle Reaktion der Kapitalmärkte und der Geschäftsbanken auf die Entwicklung des Zinsniveaus am Geldmarkt dürften die von der erreichten Höhe ausgehenden Signalwirkungen gewesen sein. Die im Rahmen des Paralleleffekts zu erwartenden Umschichtungen benötigen im Normalfall etwas mehr Zeit, weshalb ohne Signalwirkungen eher mit einer verzögerten Reaktion auf dem Kapitalmarkt zu rechnen gewesen wäre.[351]

Wie bereits angedeutet, spielten auch wechselkurspolitische Überlegungen bei der Einführung des flexiblen Lombardsatzes eine Rolle. Zusammen mit einer restriktiven Liquiditätspolitik führte diese Maßnahme zu einem beträchtlichen Anstieg des Zinsniveaus im kurzfristigen Bereich. Der Schweizer Franken gewann bis zum Herbst wieder an Wert gegenüber den wichtigsten Währungen. Als sich in Deutschland die Zinsen am Geldmarkt gegen Ende des Jahres wieder erhöhten, kam es aber zu einer erneuten Schwäche des Frankens. In dieser Situation weitete die Nationalbank die Differenz des Lombardsatzes auf den Tagesgeldsatz von 1

---

349 Die Nationalbank gab an, die Notenbankgeldmenge im Laufe des Jahres 1990 um 890 Mio Franken erhöht zu haben. Im zweiten Quartal 1992 nahm die Nationalbank eine Abweichung von dem vorgegebenen Geldmengenziel hin, indem sie angesichts des angespannten Geldmarktes einen höheren Bestand an Giroguthaben zuließ. Vgl. Schweizer Nationalbank, 83. Geschäftsbericht, 1990, S. 56 und Monatsbericht für Juli 1992.

350 Vgl. Schweizer Nationalbank, Monatsbericht für Juni 1992, S. 55 und Monatstsbericht für Januar 1990, S. 3 f

351 Vgl. Fuchs, 1989, S. 3 f

auf 2 % aus, wodurch die Geldmarktzinsen in der Schweiz nochmals anzogen. (der Tagesgeldsatz stieg bis auf 9,28 % und der Satz für Dreimonatsgeld bis auf 9,48 % Anfang 1990 an).[352] Der Franken erholte sich daraufhin längerfristig (von 0,90 SFR/DM auf knapp 0,85 Sfr/DM bis Mitte 1990).[353] In diesem Fall konnten die relativ hohen Zinssteigerungen, die durch eine Flexibilisierung des Lombardsatzes möglich werden, für wechselkurspolitische Zwecke genutzt werden.

Daß der Einfluß einer erhöhten Zinsvolatilität auf die Devisenmärkte auch unerwünscht sein kann, zeigte sich Mitte Juni 1992, als der Tagesgeldzins auf 9,75 % und der Zins für Dreimonatsgeld auf 9,3 % anstieg. Diese Anspannungen waren teils saisonal bedingt, teils beruhten sie auf einer länger andauernden Liquiditätsknappheit am Geldmarkt. In dieser Situation kam es innerhalb nur eines Monats zu einer Aufwertung des Frankens gegenüber dem Dollar von 1,47 Sfr/$ auf 1,37 Sfr/$. Mit Ausnahme der D-Mark, die aufgrund einer Diskontsatzanhebung der Bundesbank ebenfalls stark notierte, und einiger EWS-Währungen, deren Zentralbanken zinspolitisch der Bundesbank nachzogen, erhöhte sich der Außenwert des Schweizer Frankens auch gegenüber anderen wichtigen Währungen zum Teil erheblich. Insofern waren die außenwirtschaftlichen Wirkungen des floatenden Lombardsatzes für die Schweiz ambivalent, da eine erhöhte Volatilität des Frankens nachteilige Folgen für die Schweizer Wirtschaft hatte.[364]

---

352 Vgl. Schweizer Nationalbank, Monatsbericht für Januar 1990, S. 3

353 Vgl. Schweizer Nationalbank, 83. Geschäftsbericht, 1990, S. 39

364 Vgl. Kapitel 5.4

Abbildung 11: Die Entwicklung der Geld-, Kredit- und Kapitalmarktzinsen zwischen 1983 und 1992

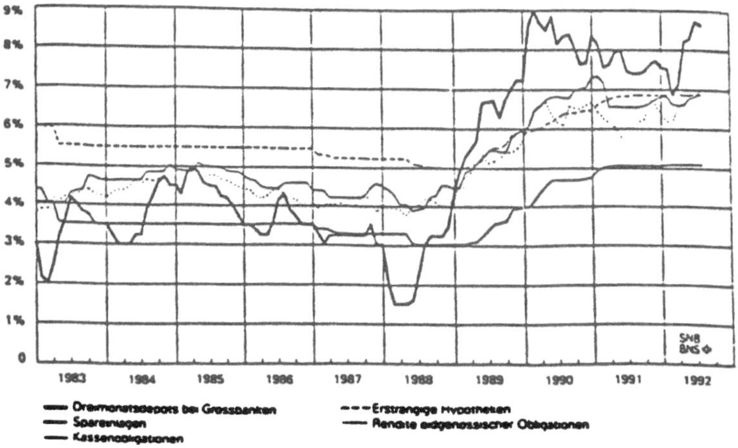

Quelle: Schweizer Nationalbank, Monatsbericht Juli 1992, S. 43

Abbildung12: Die Entwicklung der Wechselkursindizes verschiedener Länder gegenüber dem Schweizer Franken

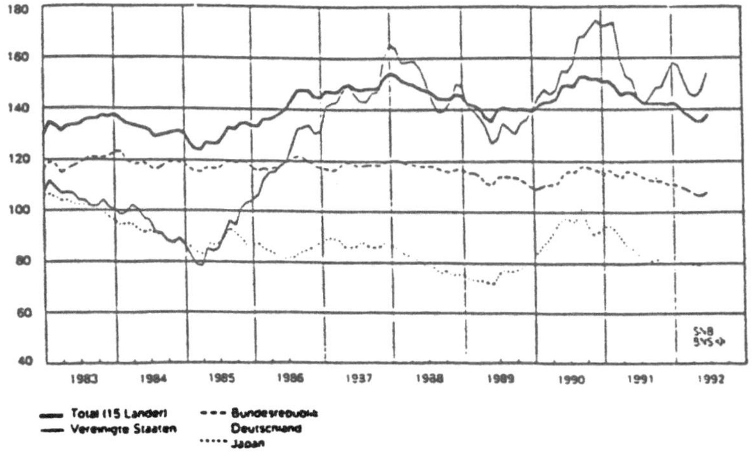

Quelle: Schweizer Nationalbank, Monatsbericht für Juli 1992, S. 43

8 ABSCHLIESSENDE BEURTEILUNG DER BEIDEN FLEXIBILISIERUNGSVORSCHLÄGE

Die Beurteilung der beiden Flexibilisierungsvorschläge des Lombardsatzes hat nach zwei Gesichtspunkten zu differenzieren:
1. Inwieweit tragen sie zur Verbesserung des bestehenden Refinanzierungsinstrumentariums bei?
2. Welche weiteren Wirkungen gehen von ihnen auf die Geldpolitik der Bundesbank aus?

8.1 Zusammenfassung der Mängel des Refinanzierungsmechanismus

Um die erste Frage zu beantworten, sollen an dieser Stelle noch einmal in Kurzform die Mängel des bestehenden Refinanzierungsinstrumentariums dargestellt werden, sofern sie mit der Leitzinsfixierung in Verbindung stehen. Die Kritik am Refinanzierungsinstrumentarium setzte an den folgenden Punkten an:

- das Refinanzierungsinstrumentarium gibt den Kreditinstituten die Möglichkeit, sich aus eigener Initiative Zentralbankgeld bei der Bundesbank zu beschaffen. Unerwünschte Liquiditätswirkungen können die Folge sein. Von besonderer Bedeutung sind die "Lombardfalle" und die konterkarierenden Liquiditätswirkungen, die bei einem Kurswechsel in der Geldpolitik auftreten können.

- die Mengenwirkungen einer diskretionären Festlegung der Leitzinsen sind in bezug auf die Bankenliquidität und die Geldmenge ungewiß.

- die Fixierung von Diskont- und Lombardsatz löst Signalwirkungen aus, die für die Geldpolitik unerwünschte Nebenwirkungen hervorrufen können. Die notwendige Rücksichtnahme auf die Signalwirkungen vermindert die zinspolitische Flexibilität der Bundesbank in erheblichem Maße.

- die niedrige Fixierung des Diskontsatzes führt zu Wettbewerbsverzerrungen. Sofern es zu einer Kontingentierung des Lombardkredits kommt, werden die Wettbewerbsverzerrungen, die beim Rediskontkontingentbemessungsverfahren auftreten, auch auf die Lombard-Refinanzierung übertragen.

- die diskretionäre Zinspolitik wie die Fixierung von Diskont- und Lombardsatz ist mit Wirkungsverzögerungen verbunden, was negative Folgen für die von der Bundesbank angestrebten Ziele haben kann.

- Leitzinsänderungen werden von der Öffentlichkeit mit großer Aufmerksamkeit verfolgt und lösen daher häufig politischen Druck auf die Bundesbank aus.

8.2 Beurteilung der Marktbindung des Lombardsatzes

Zur Beurteilung des Vorschlags, den Lombardsatz an den Tagesgeldzins zu binden, sollen die Vor- und Nachteile gegeneinander abgewogen werden.
Von hervorgehobener Bedeutung sind bei den Vorteilen die Verminderung der unerwünschten Liquiditätswirkungen der Lombard-Refinanzierung und der Wettbewerbsverzerrungen. Der weitgehend feste Abstand des Lombardsatzes zum Tagesgeldzins löst das Problem der "Lombardfalle". Außerdem erhöht sich die Effektivität liquiditätspolitischer Maßnahmen, weil der Anreiz einer gegenläufigen Inanspruchnahme von Lombardkrediten vermieden wird. Unerwünschte Liquiditätszuflüsse in das Geschäftsbankensystem über Lombardkredite werden unterbunden.
Dies bestätigte sich in der Schweiz, wo die Verschuldung über Lombardkredite nach Einführung des marktgebundenen Lombardsatzes beträchtlich zurückging und insgesamt eine Stabilisierung der Liquiditätsnachfrage der Kreditinstitute eingetreten ist. Allerdings kommt es dort auch weiterhin zu kurzfristigen Nachfrageschwankungen, die durch unerwartete Liquiditätsengpässe ausgelöst werden.
Die erhöhte Effektivität, die sich aufgrund der Marktbindung für die Liquiditätssteuerung der Bundesbank ergibt, wird durch die Notwendigkeit liquiditätspolitischer Ausgleichsmaßnahmen bei hohen Zinsausschlägen wieder beschnitten. Dies wurde durch entsprechende Erfahrungen in der Schweiz und in Kanada bestätigt.
Ob sich durch die Marktbindung des Lombardsatzes die Liquiditätssteuerung entscheidend verbessert, ist daher offen.

Die Wettbewerbsverzerrungen des bestehenden Refinanzierungssystems würden durch die Marktbindung des Lombardsatzes vermindert, weil eine Kontingentierung von Lombardkrediten überflüssig werden würde. Die hier angesprochenen Wettbewerbsverzerrungen beruhen aber hauptsächlich auf der Ausgestaltung der Rediskontkredit-Refinanzierung. Es ist daher sinnvoll, dieses Instrumentarium zu reformieren und entweder die Kontingentierung von Rediskontkrediten wettbewerbsneutraler zu gestalten oder aber mittels anderer Maßnahmen ganz überflüssig zu machen.

Die übrigen Vorteile dieses Reformvorschlags wie die Möglichkeit, Zinsänderungen schneller herbeizuführen, und eine Verminderung der Wirkungsverzögerungen sind als gering einzustufen. Die erhöhte zinspolitische Flexibilität durch das schnelle Auslösen von Zinsänderungen ist mit dem erheblichen Nachteil einer

Zunahme der Zinsvolatilität verbunden (Zu deren Bewertung siehe die Ausführungen im nächsten Absatz).
Die Wirkungsverzögerungen werden nur unwesentlich beim inside lag verkürzt, während der intermediate und der outside lag ganz bestehen blieben. An der Unsicherheit bei der zeitlichen Einschätzung von geldpolitischen Maßnahmen änderte sich kaum etwas.

Während die wichtigsten Vorteile der Marktbindung des Lombardsatzes also einer Relativierung bedürfen, sind ihre Nachteile gravierender Art. Sie resultieren in erster Linie aus der Zunahme der Zinsvolatilität am Geldmarkt. Eine Zunahme der Zinsvolatilität ist deshalb zu erwarten, weil keine Zinsobergrenze am Geldmarkt mehr existiert, die Geldangebotselastizität abgenommen hat und es zu Aufschaukelungsprozessen zwischen Lombardsatz und Tagesgeldzins kommen kann.
In Kanada und der Schweiz ließen sich erhöhte Zinsschwankungen nach Einführung eines marktgebundenen Refinanzierungssatzes beobachten. Das phasenweise Auftreten zusätzlicher Überschußreserven konnte diese Entwicklung nicht stoppen, was mit den Überlegungen in Abschnitt 5.2.4 übereinstimmt.

Die erhöhte Zinsvolatilität am Geldmarkt greift auf die Kapital- und Devisenmärkte über. Der Paralleleffekt sorgt dafür, daß auch die Zins- bzw. Kursschwankungen am Renten-, Kredit- und Aktienmarkt zunehmen werden. Für die Anleger am Rentenmarkt bedeutet dies eine Zunahme ihres Anlagerisikos, was die Risikoprämien erhöhen dürfte. Daraufhin wird das Zinsniveau am Rentenmarkt tendenziell anziehen. Zu berücksichtigen ist jedoch, daß mit einer spürbaren Erhöhung des Zinsrisikos nur in sehr restriktiven Phasen der Geldpolitik zu rechnen ist. Insofern dürfte durch die Marktbindung des Lombardsatzes die Zunahme von Zins- und Kursschwankungen an den verschiedenen Kapitalmärkten im Zeitablauf moderat ausfallen.

Außerdem ist zu erwarten, daß die Finanzmärkte das erhöhte Risiko für Anleger und Nachfrager von Kapital durch entsprechende Anpassungsreaktionen absorbieren werden. Nur in dem besonderen Fall extremer Zinssteigerungen am Geldmarkt sind größere Störungen im monetären System möglich, falls die Kreditinstitute nicht nur die Mindestreservepflicht nicht erfüllen, sondern in größerem Umfang Kredite stornieren.

Die Devisenkurse werden von erhöhten Zinsschwankungen am Geldmarkt spürbar beeinflußt, wenn zusätzlich zu den Primäreffekten auf Zinsdifferentiale noch starke Signalwirkungen auftreten. In diesem Fall können Wechselkursschwankungen ausgelöst werden, die zu Störungen für den internationalen Handel von

Gütern und Kapital führen und Wettbewerbsnachteile für die deutsche Wirtschaft mit sich bringen.[355]
Der Einfluß der Zinsvolatilität am Geldmarkt auf die Schwankungen der Wechselkurse war auch in der Schweiz zu beobachten. Anfangs konnten die Signalwirkungen hoher Geldmarktzinsen von der Nationalbank für ihre wechselkurspolitischen Ziele genutzt werden, später kam es dann aber auch zu störenden Einflüssen.

Für das EWS, das seit 1992 erheblichen Turbulenzen ausgesetzt ist, wäre eine weitere Zunahme der Instabilität nur schwer zu verkraften. Berücksichtigt man die große Beachtung, die das deutsche Zinsniveau innerhalb des EWS erfährt, könnte der Weg zur Europäischen Währungsunion durch die Marktbindung des Lombardsatzes erschwert werden. Negativ sind auch die Liquiditätszuflüsse in das deutsche Geschäftsbankensystem zu beurteilen, die aus der Interventionsverpflichtung der Bundesbank resultieren. Sie erschweren die liquiditätsmäßige Steuerung des Geldmarktes und führten schon mehrmals zu Verfehlungen des Geldmengenziels.

Die Zunahme der Zinsvolatilität stört die Steuerung des Geldmarktes aber auch noch aus anderen Gründen.
Sieht sich die Bundesbank aufgrund größerer Zinsausschläge genötigt, vermehrt mit liquiditätspolitischen Maßnahmen einzugreifen, so tauscht sie die negativen Folgen einer diskretionären Zinspolitik mit jenen einer diskretionären Liquiditätspolitik ein. Es besteht bei ihrem Einsatz die Gefahr von Fehleinschätzungen, die die Quantität und den Zeitpunkt betreffen. Dies kann dazu führen, daß die erhofften Zinswirkungen ausbleiben und unerwünschte Liquiditätswirkungen hinzunehmen sind. Zudem lassen sich die entstandenen negativen Auswirkungen der Zinsausschläge durch das nachträgliche Eingreifen der Liquiditätspolitik nur zum Teil wieder korrigieren. Diese Erfahrung mußte die Kanadische Zentralbank machen, wo es trotz eines liquiditätspolitischen Eingreifens zu einer erheblichen Verunsicherung auf den Finanzmärkten kam.
Als weiterer Störfaktor für die liquiditätsmäßige Steuerung könnte sich das Schlepptau-Problem erweisen.

Die Signalwirkungen, die vom Geldmarkt ausgehen, würden durch die Marktbindung des Lombardsatzes nicht verringert. Da aber gleichzeitig die Frühwarnfunktion der Lombardsatz-Fixierung entfiele, trägt sie auch in diesem Punkt zu einer weiteren Verunsicherung der Kreditinstitute bei ihrer Liquiditätsplanung bei.

---

355 Dazu gehören wechselkursbedingte Preisverschiebungen als auch eine Zunahme der Finanzierungskosten wegen des größeren Bedarfs an Kurssicherungsmaßnahmen.

Für die Zinspolitik der Bundesbank ist der durch die Marktbindung verursachte Wegfall einer Zinsobergrenze mit Schwierigkeiten behaftet. Die Fähigkeit der Bundesbank, die Geldmarktzinsen innerhalb von ihr bestimmter Bandbreiten zu steuern, wird in Restriktionsphasen erheblich beschnitten. Zinsziele lassen sich dann schwerer verfolgen, so daß die Möglichkeit der Bundesbank, gezielt auf die Kreditexpansion und gegebenenfalls den Konjunkturverlauf einzuwirken, geschmälert wird.

Schließlich schränkt die Marktbindung des Lombardsatzes die Notventilfunktion des Lombardkredits am Geldmarkt beträchtlich ein. Für die Kreditinstitute besteht auch bei größeren Zinsausschlägenn kein Anreiz, auf den Lombardkredit zurückzugreifen. Erst wenn die Kreditinstitute beginnen, sich über den Lombardkredit zu refinanzieren, um sich gegen eine weitere erwartete Zunahme des Zinsniveaus abzusichern, tritt so etwas wie eine spekulative Reservefunktion des Lombardkredits ein. Durch diese Einschränkung der Notventilfunktion wird die Geldangebotselastizität verringert, die ein integraler Bestandteil der geldpolitischen Konzeption der Bundesbank ist.

Neutral ist die Marktbindung des Lombardsatzes für die Ungewißheit von Mengenwirkungen und den politischen Druck einzuschätzen.[356] Diese Aspekte sollen deshalb an dieser Stelle nicht weiter kommentiert werden.

Aus strategischer Sicht paßt die Marktbindung des Lombardsatzes nicht gut in die geldpolitische Konzeption der Bundesbank. Sie erschwert die Durchführung der Zinspolitik, die zur Zeit ein wichtiger Bestandteil der geldpolitischen Steuerungskonzeption der Bundesbank darstellt. Die Marktbindung ist konzeptionell wohl eher als ein Nebenprodukt einer monetaristischen Umgestaltung mit der klassischen Offenmarktpolitik als zentrales geldpolitisches Instrument anzusehen. Inwieweit eine solche Umgestaltung vorteilhaft wäre, soll in dieser Arbeit nicht behandelt werden. Im Rahmen des bestehenden Konzepts der Bundesbank dürfte die Marktbindung des Lombardsatzes eher störend wirken.

Zusammenfassend ist die Marktbindung des Lombardsatzes negativ zu beurteilen. Die Vorteile dieses Reformvorschlags fallen bescheiden aus, während die Nachteile beträchtlich sind. Insbesondere die Zunahme der Zinsvolatilität am Geldmarkt gibt zu Befürchtungen Anlaß. In geldpolitischen Restriktionsphasen sind Störungen auf praktisch allen Finanz- und Devisenmärkten möglich.

356Vgl. hierzu die Abschnitte 5.2.5, 5.5 und 5.7

Außerdem dürfte der Weg zu einer monetären Union der EG-Staaten durch die Marktbindung nicht gerade erleichtert werden.

8.3 Beurteilung der Pensionssatzkopplung des Lombardsatzes

Der Reformvorschlag, den Lombardsatz an einen Pensionssatz für Wertpapierpensionsgeschäfte zu koppeln, ist im Vergleich zur Marktbindung deutlich positiver zu beurteilen. Hervorzuheben ist insbesondere die Zunahme der zinspolitischen Flexibilität, die durch ihn erreicht werden kann. Sie beruht auf zwei Gründen. Die Signalwirkungen der derzeitigen Lombardsatzfixierung verringern sich, da der Pensionssatz und damit auch Lombardsatz von der Bundesbank wöchentlich fixiert werden und deshalb weniger Rückschlüsse auf den längerfristigen Kurs der Bundesbank zulassen. Außerdem wird der Lombardsatz aus der zinspolitischen Grobsteuerung herausgelöst, so daß die funktionsbedingten Bedenken gegen eine raschere Anpassung des Lombardsatzes entfallen.

Die erhöhte zinspolitische Flexibilität führt dazu, daß es der Bundesbank leichter fällt, die Kreditinstitute aus der "Lombardfalle" herauszuholen, indem sie den Pensions- und Lombardsatz entprechend schnell an die Entwicklung am Geldmarkt anpaßt. Auf die gleiche Weise kann sie verhindern, daß liquiditätspolitische Maßnahmen durch eine gegenläufige Lombard-Kreditaufnahme der Kreditinstitute konterkariert werden.
Diese Verbesserung bei der liquiditätsmäßigen Steuerung des Geldmarkts muß die Bundesbank nicht durch eine größere Zunahme der Instabilität am Geldmarkt "erkaufen". Zwar kann es aufgrund der Aufschaukelungsprozesse zwischen Tagesgeldzins, Pensions- und Lombardsatz und der verbesserten Variationsmöglichkeit des Lombardsatzes zu einer Zunahme der Zinsschwankungen am Geldmarkt kommen, jedoch dürften diese moderat ausfallen, da mit dem Lombardsatz eine relativ stabile Zinsobergrenze am Geldmarkt verbleibt. Dies liegt daran, daß der Lombardsatz zumindest für eine Woche als feste Obergrenze am Geldmarkt Bestand hat[357] und die Bundesbank durch eine Ausschreibung der Wertpapierpensionsgeschäfte als Mengentender die Zinssteigerungen jederzeit unter ihre Kontrolle bringen kann. Größere Störungen an den Finanz- und Devisenmärkten wären daher nicht zu erwarten.
Aus dem gleichen Grund büßt der Lombardkredit auch nur wenig von seiner Ventilfunktion am Geldmarkt ein. Stabilitätsgefährdungen sind somit enge Grenzen gesetzt.

---

357 Dies gilt unter der Annahme, daß der derzeit wöchentliche Ausschreibungsmodus von Wertpapierpensionsgeschäften beibehalten wird.

Die Verringerung der Signalwirkungen würde den Zielkonflikt zwischen der Preisniveaustabilität im Inland und der Stabilität der Wechselkurse mildern. Wie in Abschnitt 5.2.5 erläutert wurde, können die Signalwirkungen, die vom Geldmarkt ausgehen, einen recht großen Einfluß auf die Bewegung der Wechselkurse ausüben. Die Verminderung dieses Zielkonflikts dürfte sich positiv für die weitere Entwicklung des EWS auswirken, und die Bundesbank gewänne an zinspolitischer Autonomie gegenüber dem Ausland hinzu.

Durch den Strafzinscharakter des Lombardsatzes erweitert sich der zinspolitische Spielraum für die Bundesbank zusätzlich. Das in der Vergangenheit häufig zu beobachtende Problem, daß in Restriktionsphasen der Pensionssatz am Lombardsatz "klebte" und die Bundesbank faktisch keinen Spielraum mehr für die zinspolitische Feinsteuerung hatte, wird durch den festen Abstand zwischen Pensions- und Lombardsatz gelöst.

Die größere zinspolitische Flexibilität verringert die Unsicherheit der Bundesbank in bezug auf die Mengenwirkungen ihrer Zinspolitik. Die Pensionssatzkopplung des Lombardsatzes erlaubt schnellere Korrekturen als das derzeitige zinspolitische Instrumentarium und gibt daher der Bundesbank eher die Möglichkeit, sich durch iteratives Vorgehen den angestrebten Werten für Bankenliquidität und Geldmenge zu nähern.

Für die Problembereiche der Wettbewerbsverzerrungen und der Wirkungsverzögerungen in der Geldpolitik ließen sich nur bescheidende Verbesserungen erreichen.
Die Wettbewerbsverzerrungen, die bei der Kontingentierung von Lombardkrediten auftreten können, dürften weitgehend entfallen. Der Bundesbank würde es aufgrund der erhöhten zinspolitischen Flexibilität leichter fallen, das Auftreten der "Lombardfalle" einzudämmen. Allerdings ist auch hier zu betonen, daß die Wettbewerbsverzerrungen besser an ihrer Wurzel beseitigt werden sollten, also am System der Rediskontkredit-Refinanzierung.
Für die Wirkungsverzögerungen ist zu erwarten, daß nach der Pensionssatzkopplung des Lombardsatzes der inside lag kürzer ausfallen würde als bei der derzeitigen Lombardsatz-Fixierung. Da aber für die Geldpolitik der inside lag bei den Wertpapierpensionsgeschäften von entscheidender Bedeutung ist, ergibt sich daraus nur ein geringer Vorteil. Außerdem bleiben die Wirkungsverzögerungen des intermediate lag und des outside lag bestehen. Die zeitliche Unsicherheit bei der Durchführung zinspolitischer Maßnahmen würde daher durch die Pensionssatzkopplung des Lombardsatzes nur unwesentlich vermindert.

Negativ bei der Pensionssatzkopplung des Lombardsatzes könnte neben der moderaten Zunahme der Zinsschwankungen auch die Verringerung der Signalwirkungen beurteilt werden. Schließlich haben Signalwirkungen gelegentlich auch einen unterstützenden Charakter für die Bundesbank und helfen, die erwünschten Reaktionen auf den Finanz- und Devisenmärkten zu beschleunigen. Insofern ist mit einem etwas reduzierten Wirkungsgrad der Zinspolitik und ihrer Leitfunktion nach Durchführung dieser Reform zu rechnen. Die Kanadische Zentralbank führte die Fixierung ihrer "bank rate" wieder ein, um deren Signalwirkungen für wechselkurspolitische Ziele nutzen zu können, was ihr auch gelang. Da von den Signalwirkungen aber überwiegend störende Einflüsse auf die Geldpolitik ausgehen, fällt dieser Nachteil nicht sehr ins Gewicht.

Weitgehend neutral dürfte sich dieser Reformvorschlag auf den politischen Druck auswirken, dem sich die Bundesbank bei ihrer Geldpolitik ausgesetzt sieht. Während die Zinspolitik teilweise entlastet würde, verlagerte sich der Druck mehr auf andere geldpolitische Indikatoren.[358]

Für die insgesamt positive Beurteilung der Kopplung des Lombardsatzes an einen Pensionssatz ist entscheidend, daß die Vorteile ohne allzu hohe Kosten zu haben sind. Während eine moderate Zunahme der Zinsvolatilität und ein Rückgang des unterstützenden Effekts von Signalwirkungen hingenommen werden können, wären erhebliche Verbesserungen für die Zinspolitik möglich. Die Bundesbank könnte durch die Verwirklichung dieses Reformvorschlags die Zinsen autonomer und präziser steuern, wodurch sich auch die genannten Verbesserungen für die Liquiditätspolitik ergäben. Außerdem läßt er sich problemlos in die geldpolitische Konzeption der Bundesbank integrieren. Die Pensionssatzkopplung beläßt dem Geldangebot die als notwendig erachtete Elastizität und schränkt die Bedeutung der Zinspolitik für die geldpolitische Steuerung nicht ein.

Unberührt von der Flexibilisierung des Lombardsatzes blieben die Schwächen der Diskontpolitik. Um diesen unbefriedigenden Zustand zu beheben, könnte der Rediskontkredit als Refinanzierungsquelle abgeschafft und durch einen entsprechenden Ausbau der Wertpapierpensionsgeschäfte ersetzt werden. Da diese Fragestellung nicht mehr zu dem hier behandelten Thema gehört, soll auf die Arbeit von Wagenmann verwiesen werden, der ihr in seiner Arbeit eingehend nachgegangen ist.[359]

---

358 Vgl. Abschnitt 5.7

359 Vgl Wagenmann, 1991, S. 1 f

9 ZUSAMMENFASSUNG UND AUSBLICK

In dieser Arbeit wurde untersucht, inwieweit durch eine Flexibilisierung des Lombardsatzes die Schwächen des derzeitigen Refinanzierungsinstrumentariums vermindert werden können. Im Mittelpunkt standen die in der aktuellen Diskussion vorgebrachten Vorschläge, den Lombardsatz an einen Tagesgeldzins oder an einen Pensionssatz für Wertpapierpensionsgeschäfte zu koppeln.
Außerdem wurde die Flexibilisierungsmöglichkeit des Diskontsatzes analysiert.

Ein Ergebnis der Untersuchung besteht in der Schlußfolgerung, daß von der Marktbindung des Lombardsatzes abgesehen werden sollte. Die mit einer Marktbindung einhergehende Zunahme der Zinsvolatilität wäre mit zu großen Problemen behaftet, da sie in geldpolitischen Restriktionsphasen die Abläufe auf praktisch allen monetären Märkten stören könnte.

Positiv wurde dagegen die Kopplung des Lombardsatzes an einen Pensionssatz beurteilt. Mit ihr ließe sich die zinspolitische Flexibilität erhöhen, die Abhängigkeit von außenwirtschaftlichen Einflüssen verringern, die Liquiditätssteuerung entscheidend verbessern und eine größere Wettbewerbsneutralität erreichen. Die moderate Zunahme der Unsicherheit, die diese Reform für die Kreditinstitute zur Folge hätte, könnte hingenommen werden, da die notwendige Stabilität im geldpolitischen System erhalten bliebe. Der an den Pensionssatz gekoppelte Lombardsatz beläßt am Geldmarkt eine relativ stabile Zinsobergrenze und erhält die Reservefunktion des Lombardkredits. Die Kreditinstitute wären ausreichend vor Zahlungsschwierigkeiten geschützt.

Von einer Flexibilisierung des Diskontsatzes wurde abgeraten, da diese Maßnahme die Funktion des Rediskontkredits in Frage stellen würde, den Grundbedarf der Kreditinstitute zu refinanzieren.

Im Hinblick auf die angestrebte monetäre Union der Mitgliedsländer der Europäischen Gemeinschaft ist die Pensionssatzkopplung des Lombardsatzes unter zwei Aspekten von Bedeutung: Sie erleichterte den Weg zu einer monetären Union, da durch sie die Stabilität des EWS erhöht würde, und sie böte sich als Baustein des noch zu entwickelnden Instrumentariums der neuen Europäischen Zentralbank an.

ANHANG 1:
HERLEITUNG DES GELDANGEBOTSMULTIPLIKATORS[1]

1) Die Refinanzierungsquote b setzt sich zusammen aus dem Quotienten vom Refinanzierungsvolumen A der Kreditinstitute durch die Summe aus Sicht- sowie Zeit- und Spareinlagen der Nicht-Banken D+T.
$b = A/D+T$

2) Die gesamte Reservehaltung der Kreditinstitute R setzt sich zusammen aus der bei der Zentralbank zu haltenden Mindestreserve Rmr und den Überschußreserven Rü, die die Kreditinstitute aus Gründen der Sicherheit halten.
$R = Rmr + Rü$

3) Das Reserveverhalten der Kreditinstitute R läßt sich aus dem Quotienten ihrer gesamten Reserven durch die bei ihnen gehaltenen Einlagen der Nichtbanken D+T ableiten.
$r = R/D+T$

4) Die Geldbasis B ergibt sich aus den Gesamtreserven der Kreditinstitute R abzüglich ihres Refinanzierungsvolumens A plus der Bargeldumlauf der Nichtbanken C.
$B = R - A + C$

5) Die gesamte Reservehaltung der Kreditinstitute und ihr Refinanzierungsvolumen läßt sich durch Umformungen der Gleichungen 1 und 3 wie folgt beschreiben:
$R = r(D + T)$
$A = b(D + T)$

6) Werden die beiden Ausdrücke aus 5 für die gesamte Reservehaltung und das Refinanzierungsvolumen der Kreditinstitute in die Gleichung 4 für die Geldbasis eingesetzt, so ergibt sich folgender Ausdruck für die Geldbasis:
$B = (r - b)(D + T) + C$

---

1 Zur Herleitung des Geldangebotsmultiplikators vergleiche Burger, 1971, S. 45-98. Die von Burger dargestellte Multiplikatortheorie bezieht sich auf das geldpolitische System der USA. Sie ist in dieser Darstellung in einigen Punkten abgewandelt worden, um sie mit dem geldpolitischen System in der Bundesrepublik kompatibel zu machen.

7) Die Gleichung 6 wird nun durch D, die Sichteinlagen dividiert.
$B/D = (r - b) (D/D + T/D) + C/D$

8) Der Quotient T/D entsprecht per definitione der Zeit- und Spareinlagenquote t und der Quotient C/D der Barquote k.
$t = T/D$
$k = C/D$

9) In diesem Schritt werden die Ausdrücke für die Zeit- und Spareinlagenquote sowie für die Barquote in Gleichung 7 eingesetzt.
$B/D = (r - b) (1 + t) + k$

10) Gleichung 9 wird nun nach D, den Sichteinlagen, umgeformt.
$D = 1/(r-b)(1+t)+k * B$

11) Die Geldmenge M1 ist definiert als Summe aus der Bargeldumlauf bei den Nichtbanken C und den Sichteinlagen D.
$M1 = C + D$

12) Da die Barquote k gleich dem Quotienten aus C/D entspricht, läßt sich die Gleichung 11 - wenn diese durch D dividiert wird - wie folgt schreiben:
$1 + k = C+D/D$

13) Wird C + D auf der rechten Seite der Gleichung 12 wieder zu M1 umgeformt und die Gleichung 12 nach D aufgelöst, so ergibt sich:
$1/1+k (M1) = D$

14) Wird Gleichung 12 in Gleichung 10, dem Verhältnis zwischen Sichteinlagen und Geldbasis, eingesetzt, so erhält man die Geldangebotsfunktion
$M1 = 1+k/(r-b) (1+t)+k *B$

15) Der in dieser Arbeit verwendete Geldangebotsmultiplikator lautet demnach:
$m = 1+k/(r-b) (1+t)+k$

LITERATURVERZEICHNIS

Aschheim, Joseph: Techniques of Monetary Control, Baltimore: Johns Hopkins University Press, 1961

Banklexikon: Handwörterbuch für das Geld-, Bank- und Börsenwesen, 10 Aufl., Wiesbaden 1988

Bank für Internationalen Zahlungsausgleich:
- 44. Jahresbericht für 1. April 1973 - 31. März 1974
- 51. Jahresbericht für 1. April 1980 - 31. März 1981,
Basel 1974 und 1981

Bank of Canada: Annual Report of the Governor to the Minister of Finance, Ottawa 1962

Bank of Montreal: Annual Report for the Year 1960, Montreal 1960

Beard, T.R.; Duggar, J.W.: Federal Reserve Proposals for Reform of the Discount Mechanism, in: The Southern Economic Journal, July 1969 - April 1970, S. 122 - 133

Beckh, Susanne: Die Wertpapierpensionsgeschäfte der Bundesbank. Der Wandel von einem Instrument der Feinsteuerung zu einem Instrument der Dauerrefinanzierung, in: Sparkasse, 103, 1986, 10, S. 484 - 487

Binhammer, H.H.: Canada's Foreign Exchange Problems: A Review, in: Kyklos, Vol. 4, Nov. 1964, S. 636 - 653

Binhammer, H.H.: Money, Banking, and the Canadian Financial System, Toronto 1968

Bisani, Hans Paul: Die Pensionsgeschäfte der Zentralnotenbank, Diss. Erlangen-Nürnberg 1987

Bodie, Z., Kane, A., MacDonald, R.: Why are real Interest Rates so high ?, in: NBER Working Paper Series, Paper No. 1141, Cambridge (MA) 1983

Branson, William; Frankel, Jacob: Causes of Appreciation and Volatility of the Dollar, in: NBER Working Paper Series, Paper No. 1777, Cambridge M.A. 1985

Brown, K.H.: The Impact of Changes in the Federal Reserves Discount Rate on the Dollars Foreign Exchange Value, in: International Finance Division Papers, No. 144, 1979

Brunner, K.; Meltzer, A.H.: An alternative Approach to the Monetary Mechanism, in: Subcommittee on Domestic Finance, Committee on Banking and Currency, House of Representatives, 88th. Congress, Washington 1964

Burger, Alfred: The Money Supply Process, Belmont (California) 1971

Chauveau, Thierry: La Politique de Taux d' Interet des grandes Banques Centrales, in: Revue de l' ipecode, Institut de Previsions Econimiques et Financieres pour le Developpement des Entreprises (Hrsg.), N. 17, Nov. 1987, S. 1 - 60

Ciccolo, J.H.: Is Short-run Monetary Control Feasible ? in: Staff Paper of the Federal Reserve Bank of New York, New York 1971, S. 22 - 39

Commerzbank-Studie: Flexibler Lombard: Vorteil für die Geldpolitik, Nachteil für die Banken ? Bericht der Abteilung Volkswirtschaft, Nr. 19/91, Frankfurt 1991

Cook, T.; Hahn, T.: The Information Content of Discount Rate Announcements and their Effect on Market Interest Rates, in: Journal of Money, Credit and Banking, Vol. 20, No.2, May 1988, S. 167 - 180

Cramp, A.B.: Does Money matter ?, in: Lloyds Bank Review, October 1970

Davis, Richard: Short-Run Targets for Open Market Operations, in: Staff Paper of the Federal Reserve Bank of New York, New York 1971, S. 40 - 60

Deutsche Bundesbank: Deutsche Bundesbank - Geldpolitische Aufgaben und Instrumente, Sonderdrucke der Deutschen Bundesbank Nr. 7, Frankfurt 1981

Deutsche Bundesbank: Deutsche Bundesbank - Geldpolitische Aufgaben und Instrumente, Sonderdrucke der Deutschen Bundesbank Nr. 7, Frankfurt 1989

Deutsche Bundesbank, Geschäftsberichte für die Jahre 1972 - 1975 sowie 1980 - 1993, Frankfurt a.M.

Deutsche Bundesbank:
- Monatsbericht für Mai 1973
- Monatsbericht für Juni 1973
- Monatsbericht für September 1973
- Monatsbericht für Oktober 1973
- Monatsbericht für Mai 1974
- Monatsbericht für Juli 1974
- Monatsbericht für November 1974
- Monatsbericht für März 1979
- Monatsbericht für Februar 1981
- Monatsbericht für Februar 1991
- Monatsbericht für August 1992
- Monatsbericht für September 1992
- Monatsbericht für Dezember 1992

Dickertmann, Dietrich; Siedenberg, Axel: Das Instrumentarium der Geldpolitik, 4. Aufl., Düsseldorf 1984

Dornbusch, Rüdiger: Exchange Rate Expectations and Monetary Policy, in: Journal of International Economics, No. 6, 1976, S. 231 - 244

Dornbusch, Rüdiger; Krugman, Paul: Flexible Exchange Rates in the Short Run, in: Brookings Papers on Economic Activities, No. 3, 1976, S. 537 - 584

Duwendag, Dieter: Alternative Ansätze der Geldmengensteuerung., in: Probleme der Geldmengensteuerung, Ehrlicher W. und Oberhauser A. (Hrsg.), Berlin 1978, S. 49 - 93

Duwendag, Dieter; Pohl, Rüdiger; Ketterer, Karl-Heinz, Kosters, Wim, Simmert, Diethard: Geldtheorie und Geldpolitik, 3. Aufl., Köln 1985

Duwendag, Dieter: Das Konzept der Deutschen Bundesbank: Zwischen Geldmengenzielen und zinspolitischer Flexibilität, in: Wandlungen des geldpolitischen Instrumentariums, Beihefte zu Kredit und Kapital, Ehrlicher, W. und Simmert, D.B. (Hrsg.), Heft 10, Berlin 1988, S. 21 - 36

Epstein, Gerald: Prime Rates, Federal Reserve Signaling and financial Instability, in: Journal of Post Keynesian Economics, Vol. 12, No.4 1990, S. 618 - 635

Francke, Hans-Hermann: Möglichkeiten für die Geldpolitik bei flexiblen Wechselkursen, in: Möglichkeiten einer binnenwirtschaftlich orientierten Geldpolitik bei weltweit hohen Zinsen; Untersuchungen über das Spar-, Giro- und Kreditwesen, Ashauer, G.; Ehrlicher, W.; Krümmel, H.J.; Voigt, F. (Hrsg.); Bd. 122, Berlin 1985, S. 19 - 59

Frankfurter Allgemeine Zeitung vom 02.11 1990: "Nicht genug Mut im Zentralbankrat", S.6

Frankfurter Allgemeine Zeitung vom 06.08.1991: "Flexibler Lombardsatz bringt Vorteile", S.17

Financial Times vom 14.09.1992: "Germany to cut Interest Rates today after Lira devalues in ERM", S. 1

Friedman, Milton: A Programm for Monetary Stability, Fordham University Press, New York 1959, S. 24 - 51

Friedman, Milton: The Role of Monetary Policy, in: The American Economic Review, Vol. 58, 1968, S. 1 - 17

Friedmann, Willy: Die Mindestreserve im deutschen Finanzsystem, in: Wandlungen des geldpolitischen Instrumentariums, Beihefte zu Kredit und Kapital, Ehrlicher, W. und Simmert, D.B. (Hrsg.), Heft 10, Berlin 1988, S. 79 - 91

Fuchs, Herbert: Die Geldmarktabhängigkeit des Kapitalmarktes, in: Duisburger Volkswirtschaftliche Schriften, Band 4, Hamburg 1989

Gebauer, Wolfgang: Zur Konzeption der Bundesbankpolitik: Geldmengen- versus Zinssteuerung, in: Geld und Währung, Working Papers Nr. 4, Frankfurt a.M., 1987

Gehrig, Bruno: Geldmengensteuerung bei marktgebundenem Refinanzierungssatz, in: Jahrbuch für Sozialwissenschaft, 30, 1979, 2, S. 263 - 277

Gehrig, Bruno: Geldpolitik unter alternativen institutionellen Voraussetzungen: Die Bedeutung der Refinazierungs-, Mindestreserven- und Depositenvorschriften für die Steuerbarkeit der Geldmenge, Bern 1980

Geiger, Helmut: Das Verhältnis von Refinanzierungs- und Offenmarktpolitik, in: Wandlungen des geldpolitischen Instrumentariums der Deutschen Bundesbank, Ehrlicher, W. und Simmert, D.B., (Hrsg.), Beiheft zu Kredit und Kapital, Heft 10, Berlin 1988, S. 129 - 142

Geiger, Helmut: Kreditwirtschaftliche Perspektiven, Deutscher Sparkassenverlag (Hrsg.), Stuttgart 1989

Gestrich, H.: Kredit und Sparen, 3. Aufl., Godesberg 1957

Gleske, Leonhard: Die Geldpolitik der Bundesbank, Erfahrungen und Probleme, in: Herausforderungen der Wirtschaftspolitik, Festschrift zum 60. Geburtstag von Claus Köhler. Filc, Wolfgang; Hübl, Lothar; Pohl, Rüdiger (Hrsg.), Berlin 1988, S. 131 - 146

Görres, Peter A.: Die Ausschüttung der Notenbankgewinne an den Bund - weder "free lunch" noch unsittlicher Griff in die Ladenkasse, in: Jahrbuch für Nationalökonomie und Statistik, Band 200/4, 1985, S. 381 - 399

Graf, Urs: Die neuen Liquiditätsvorschriften und die Durchführung der Geldpolitik in der Schweiz, in: Schweizerische Zeitschrift für Volkswirtschaft und Statistik, 124 Jg., Nr.1 1993, S. 37 - 62

Hamburger, H.J.; Kochin, L.A.: Money and Stock Prices: The Channels of Influence, in: Journal of Finance, Vol. 27, May 1972, S. 231 - 249

Hartmann, Manfred: Die Bestimmungsgründe der Zentralbankgeldbeschaffung und der freien Liquiditätsreserven der Kreditinstitute, Berlin 1980

Hirter, Jorge; Rose, Thomas: Geldpolitische Wechselbäder, in: Der Monat, Schweizerischer Bankverein (Hrsg.), April 1990, S. 3 - 6

Hoffmann, S.: Die Durchführung der Geldpolitik in der Schweiz, in: Quartalsheft der Schweizer Nationalbank, Heft 1, 1990, S. 21 - 35

Hood, W.C.: Financing of Economic Activity in Canada, in: Report for the Royal Commission on Canada' s Economic Prospects, Ottawa 1959

Hooper, Peter; Morton, John: Fluctuations in the Dollar: A Model of nominal and real Exchange Rate Determination, in: Journal of International Money and Finance, No. 1, 1982, S. 39 - 56

Hörngren, Lars; Viotti, Staffan: Discount Window Borrowing and Money Market Interest Rates, Discussion Paper, Stockholm School of Economics, Stockholm 1986

Institut der deutschen Wirtschaft: Das Europäische Währungssystem, Köln 1981

Issing, Otmar: Die Gewinnabführung der Notenbank. Theoretische Hintergründe zur aktuellen Diskussion, in: Kredit und Kapital, Festschrift für Werner Ehrlicher, Berlin 1965, S. 165 - 178

Issing, Otmar: Zur Rolle der Interbankbeziehungen , in: Kredit und Kapital, 10. Jg., Berlin 1977, S. 526 - 539

Issing, Otmar: Der Euro-DM-Markt und die deutsche Geldpolitik, in: Geldpolitische Regelbindung: theoretische Entwicklungen und empirische Befunde; Gutowski, Armin (Hrsg.), Schriften des Vereins für Socialpolitik, N.F., Band 161, Berlin 1986, S. 163 - 191

Issing, Otmar: Einführung in die Geldpolitik. 2. Aufl., München 1987

Issing, Otmar: Notenbanken II: Verfassung, Ziele, Organisation und Instrumente, in: Handwörterbuch der Wirtschaftswissenschaften, Band 5, 1988a, S. 334 - 349

Issing, Otmar: Das geldpolitische Instrumentarium unter dem Aspekt der Wettbewerbsneutralität, in: Wandlungen des geldpolitischen Instrumentariums, Beihefte zu Kredit und Kapital, Ehrlicher W. und Simmert, D.B. (Hrsg.), Heft 10, Berlin 1988b, S. 219 - 240

Issing, Ottmar; Rudolph, Bernd: Der Rediskontkredit. Die geldpolitische Bedeutung und der Einfluß des Diskontkredits der Deutschen Bundesbank auf die Wettbewerbssituation im Bankensektor, Frankfurt a.M. 1988

Jäger, C.: Le Credit Lombard: un probleme permanent pour les autorites monetaires de la Republique Federale d`Allemagne in: Cahiers Economiques de Nancy, no. 11, Nancy 1983, S. 119 - 148

Jander, Sigurd: Der Einfluß der Geldpolitik auf die Kapitalmarktentwicklung, in: Untersuchungen über das Spar-, Giro- und Kreditwesen, Band 130, Berlin 1986

Jarchow, Hans-Joachim: Theorie und Politik des Geldes II, 5. Aufl., Göttingen 1988

Jarchow, Hans-J.; Rühmann, Peter: Monetäre Außenwirtschaft I, 3. Aufl., Göttingen 1990

Johnson, D.: Interest Rate Variability under the New Operating Procedures and the Initial Response in Financial Markets, Discussion Paper, Federal Reserve Staff Review, Washington 1981

Johnston, Robert A.: The Canadian Experience with the Floating Discount Rate, 1956 - 1962, in: Yale Economic Essays, No. 1, New Haven 1966, S. 3 - 48

Jones, D.M.: A Review of recent Academic Literature on the Discount Mechanism, in: Board of Governors of the Federal Reserve System, Reappraisal of the Federal Reserve Discount Mechanism, Vol. 2, S. 23 - 45, Washington 1971

Kantor, Laurence,; Lombard, Raymond: Is Interest Rate Volatility necessarily harmful ?, in: Journal of Economics and Business, No.4 1988, S. 17 - 25

Kliman, M.L.: The administered Bank Rate and its Announcement Effect, in: Canadian Journal of Economics, No. 4, 1974, S. 625 - 641

Kloten, Norbert: Erfahrungen mit dem Europäischen Währungssystem, in: Probleme der Währungspolitik; Ehrlicher, W. und Richter R. (Hrsg.), Schriften des Vereins für Socialpolitik, Band 120, Berlin 1981, S. 173 - 189

Köhler, Claus: Probleme der Zentralbankgeldsteuerung, in: Probleme der Geldmengensteuerung; Ehrlicher, W. und Oberhauser A. (Hrsg.), Berlin 1978, S. 9 - 37

Köhler, Claus: Geldwirtschaft, 1. Band: Geldversorgung und Kreditpolitik, 2. Aufl., Berlin 1977

Köhler, Claus: Zinspolitik einer unabhängigen Zentralbank, in: Der langfristige Kredit, Heft 21/22, 1982, S. 652 - 658

Köhler, Claus: Geldwirtschaft, 3. Band: Wirtschaftspolitische Ziele und wirtschaftspolitische Strategie, Berlin 1983

Kouri, Pentti: The Exchange Rate and the Balance of Payments in the Short Run and in the Long Run: A Monetary Approach, in: Scandinavian Journal of Economics, Vol. 78, No. 2, 1976, S. 280 - 304

Krüger, Malte: Was mit dem EWS geschehen ist, in: Wirtschaftsdienst, 72. Jg., 1992, Heft 11, S. 516 - 519

Lipfert, Helmut: Der Geldmarkt mit Eurogeldmarkt, 8. Aufl., Frankfurt a. M. 1975

Lombard, Raymond; Strumble, Frederick: Monetary Aggregate Targets and the Volatility of Interest Rates, in: Money, Credit and Banking, 1979, S. 284 - 299

Lombra, Raymond; Torto, Raymond: Discount Rate Changes and Announcement Effects, in: Quarterly Journal of Economics, Feb. 1977, S. 171 - 176

Meese, Richard; Rogoff, Kenneth: Was it real ? The Exchange Rate - Interest Rate Differential Relation, 1973 - 1984, in: NBER Working Paper Series, Paper No. 1732, 1985

Micossi, Stefano; Padoa-Schioppa, Tommaso: Short-Term Interest Rate Linkages between the United States and Europe, in: Economic and Financial Papers, Istituto Bancario San Paolo di Torino 1986, S. 127 - 143

Modigliani, Franco: Some Proposals for a Reform of the Discount Window, in: Board of Governors of the Federal Reserve System, Reappraisal of the Federal Reserve Discount Mechanism, Vol. 2, S. 61 - 81, Washington 1971

Moore, B.: Optimal Monetary Policy, in: The Economic Journal, S. 116 - 139, March 1972

Müller, Herbert; Woll, Artur: Neuere Vorschläge zur Geldpolitik und die Möglichkeit ihrer Verwirklichung in der Bundesrepublik Deutschland, in: 25 Jahre Marktwirtschaft in der Bundesrepublik Deutschland. Konzeption und Wirklichkeit; Cassel, D. und Gutmann, G. und Thieme, H.J. (Hrsg.), S. 193 - 211, Stuttgart 1972

Mussa, Michael: Empirical Regularities in the Behaviour of Exchange Rates and Theories of the Foreign Exchange Market, in: Policies for Employment, Prices and Exchange Rates; Brunner, Karl und Meltzer, Allan (Hrsg.), Amsterdam 1979, S. 9 - 57

Nemitz, Kurt: Aspekte der Geldmartsteuerung, in: Kredit und Kapital, Jg. 13, Berlin 1980, S. 323 - 337

Neumann, M.J.M.: Fiskalisch oder monetär ausgerichtete Stabilisierungspolitik ?, in: Stabilisierungspolitik in der Marktwirtschaft; Schneider, H.K. und Wittmann, W. und Würgler, H. (Hrsg.), Schriften des Vereins für Socialpolitik, Band 85. II, Berlin 1975, S. 993 - 996

Oberhauser, Alois: Geldpolitik als Liquiditätspolitik. Ein Vorschlag zur Neugestaltung des geldpolitischen Instrumentariums, in: Kredit und Kapital 5, 1972, S. 373 - 406

Oberhauser, Alois: Liquiditätstheorie des Geldes als Gegenkonzept zum Monetarismus, in: Kredit und Kapital, 10. Jg., Berlin 1977, S. 207 - 232

Oberhauser, Alois: Die Steuerung der Bankenliquidität als geldpolitische Aufgabe, in: Problem der Geldmengensteuerung; Ehrlicher, W. und Oberhauser A. (Hrsg.), Berlin 1978, S. 129 - 143

Parikh, Ashok: Modelling the Exchange Rate Behaviour of Yen and Deutsche Mark against the Dollar, in: Weltwirtschaftliches Archiv, Heft 3, 1991, S. 472 - 491

Pohl, Reinhard: Inwieweit ist der Dollarkurs mit ökonomischen Faktoren erklärbar ?, in: Wochenbericht des Deutschen Instituts für Wirtschaftsforschung, Heft 9, 1985a, S. 109 - 117

Pohl, Reinhard: Effizienz der Geldpolitik bei beweglichen Wechselkursen, in: Stabilisierung des Währungssystems; Filc, Wolfgang und Köhler, Claus (Hrsg.), Berlin 1985b, S. 109 - 131

Pohl, Reinhard: Die außenwirtschaftliche Komponente der Geldversorgung, in: Wandlungen des geldpolitischen Instrumentariums, Beihefte zu Kredit und Kapital; Ehrlicher, W. und Simmert, D.B. (Hrsg.), Heft 10, Berlin 1988, S. 177 - 205

Polakoff, Murray: Federal Reserve Discount Policy and its Critics, in: Banking and Monetary Studies, No. 2, New York 1963, S. 194 - 205

Remsperger, Hermann: Geldpolitik aus Bankensicht, in: Der langfristige Kredit 37, 1986, S. 4 - 12

Rettig, Claudia: Determinanten des Zinsniveaus und der Zinsstruktur. Eine international vergleichende Analyse, Diss., Hamburg 1990

Rhode, Armin: Mengensteuerung und Zinssteuerung. Eine Analyse monetärer Steuerungsstrategien, Berlin 1985

Rhode, Armin: Aktuelle Probleme der Geldpolitik: Flexibler Lombardsatz, Diskussionspapier Nr. 161, Hannover 1991

Rosenblum, Harvey; Strongin, Steven: Interest Rate in historical Perspective, in: Economic Perspectives, Jan./Feb. 1983, Federal Reserve Bank of Chicago, S. 10 - 19

Roth, H.L.; Seibert, D.: The Effect of Alternative Discount Rate Mechanism on Monetary Control, in: Economic Review, Federal Reserve Bank of Kansas City, March 1983, S. 16 - 25

Royal Commission on Banking and Finance: Report on the current State of the Canadian Financial System, Ottawa 1964

Schaal, Peter: Geldtheorie und Geldpolitik, 2 Auflage, München 1989

Schlesinger, Helmut: Neuere Erfahrungen der Geldpolitik, in: Beiträge zu aktuellen Problemen des deutschen Kreditwesens; Sparkassen- und Giroverband (Hrsg.), Heft 8, 1978, S. 1 - 15

Schlesinger, Helmut: Das Konzept der Deutschen Bundesbank, in: Wandlungen des geldpolitischen Instrumentariums, Beihefte zu Kredit und Kapital; Ehrlicher, W. und Simmert, D.B. (Hrsg.), Heft 10, Berlin 1988, S. 3 - 20

Scholl, Franz: Praktische Erfahrungen mit dem Europäischen Währungssystem, in: Probleme der Währungspolitik; Ehrlicher, W. und Richter R. (Hrsg.), Schriften des Vereins für Socialpolitik, Band 120, Berlin 1981, S. 151 - 169

Schröder, Wolfgang: Flexibilisierung des Lombardsatzes ?, in: Wirtschaftsdienst, Nr. 2, 1991, S. 93 - 97

Schweizer Nationalbank: Die Einführung des flexiblen Lombardsatzes, in: Quartalsheft der SNB, Heft 2, 1989, S. 175 - 179

Schweizer Nationalbank:
- Geschäftsbericht Nr. 81, 1988
- Geschäftsbericht Nr. 82, 1989
- Geschäftsbericht Nr. 83, 1990
- Geschäftsbericht Nr. 84, 1991
- Monatsbericht für Mai 1989
- Monatsbericht für Januar 1990
- Monatsbericht für Juni 1992
- Monatsbericht für Juli 1992
- Herbstpressegespräch vom Oktober 1990

Seja, Jürgen: Geldpolitische Feinsteuerung wirkt selektiv, in: Sparkasse, 100, 1983, 3, S. 83 - 87

Siebke, Jürgen: Steuerung der Geldmengenaggregate: zwischen Wollen und Können, in: Geld- und Währungspolitik in der Bundesrepublik Deutschland; Ehrlicher, W. und Simmert, D.B. (Hrsg.), Beihefte zu Kredit und Kapital, Heft 7, Berlin 1982, S. 147 - 157

Smirlock, M.; Yawitz, J.: Asset Returns, Discount Rate Changes, and Market Efficiency, in: Journal of Finance 40, Sept. 1985, S. 1141 - 1158

Smith, Warren: The Discount Rate as a Credit-Control Weapon, in: The Journal of Political Economy, Feb. - Dec. 1958, S. 171 - 177

Solow, R.M.: Lags in Fiscal and Monetary Policy, in: Stabilization Policies. A Series of Research Studies Prepared for the Commission on Money and Credit, Englewood Cliffs 1963, S. 2 - 33

Süddeutsche Zeitung vom 12.10.1993: EWS-Wechselkurse bleiben weiter de facto frei, S. 37

Swoboda, Alexander: Credit Creation in the Euromarket: Alternative Theories and Implications for Control, in: Occasional Papers 2, Group of Thirty (Hrsg.), New York 1980

Tagesspiegel vom 07.08. 1991: Lombardfalle erschwert Geldmengensteuerung, S. 9

Taylor, Mark: Covered Interest Rate Parity: A High-Quality Data Study, in: Economica, Vol. 54, 1987, S. 429 - 438

Thomas, Karl: Das Verhältnis von Refinanzierungs- und Offenmarktpolitik, in: Wandlungen des geldpolitischen Instrumentariums der Deutschen Bundesbank, Ehrlicher, W. und Simmert, D.B. (Hrsg.), Beihefte zu Kredit und Kapital, Heft 10, Berlin 1988, S. 109 - 127

Tobin, James: Liquidity Preference as Behaviour towards Risk, in: Review of Economic Studies, Feb. 1958, S. 65 - 86

Tobin, James: A Proposal for International Monetary Reform, in: The Eastern Economic Journal, July/October 1978, S. 153 - 159

Turnovsky, Stephen: The Demand for Money and the Determination of the Rate of Interest under Uncertainty, in: Journal of Money, Credit, and Banking, May 1971, S. 183 - 204

Van Hoose, D.D.: Discount Rate Policy and Alternative Federal Reserve Operating Procedures in a Rational Expectations Setting, in: Journal of Economics and Business, May 1988, S. 285 - 294

Waud, Roger: Public Interpretation of Federal Reserve Discount Rate Changes: Evidence on the "Announcement Effect", in: Econometrica, Vol. 38, No. 2, 1970, S. 231 - 250

Wagenmann, Jürgen: Wertpapierpensionsgeschäfte: Das überlegene Refinanzierungsinstrument. Darstellung, Kritik und ein Vorschlag zur Umgestaltung des Refinanzierungsinstrumentariums der Deutschen Bundesbank, Diss. Freiburg 1991

Wermuth, Dieter; Ochynski, Walter: Strategien an den Devisenmärkten, 3. Aufl., Wiesbaden 1987

Willms, Manfred: Controlling Money in an open Economy: The German Case, in: Review of the Federal Reserve Bank of St.Louis, April 1971, S. 10 - 27

Wilson, J.G.C.: The Canadian Money Market Experiment, in: Quarterly Review, Banca Nazionale del Lavoro (Hrsg.), March 1958, S. 19 - 55

Wirtschaftswoche, vom 21.12.1990: Gegen Spendierlaune, Zentralbankrat plant flexiblen Lombardsatz, S. 7

Wirtschaftswoche vom 08.02. 1991: Letzte Gelegenheit: Zinserhöhung als Doppelsignal an Bonn und die Banken, S. 8

Zimmermann, Wolf-Konrad: Wettbewerbsverzerrungen im deutschen Bankensystem. Eine Analyse der Wirkungen notenbankpolitischer Instrumente auf den Wettbewerb zwischen den verschiedenartig strukturierten Bankengruppen, Göttingen 1984